国家自然科学基金资助(项目号：71872081；71372030)
教育部人文社会科学重点研究基地南京大学长江三角洲经济社会发展研究中心暨区域经济转型与管理变革协同创新中心重大课题项目资助(项目号：CYD-2020009)
南京大学人文社科双一流建设"百层次"科研项目资助

中国证券分析师与证券公司预测准确性评价研究（2022）

(Earnings Forecast Accuracy Rating for Chinese Security Analyst & Securities Firm, EFA Rating 2022)

林 树　葛逸云　著

·南京·

图书在版编目(CIP)数据

中国证券分析师与证券公司预测准确性评价研究.
2022/林树,葛逸云著. —南京:东南大学出版社,
2022.11

ISBN 978-7-5766-0338-5

Ⅰ.①中… Ⅱ.①林… ②葛… Ⅲ.①证券投资-研究 Ⅳ.①F830.91

中国版本图书馆 CIP 数据核字(2022)第 207458 号

责任编辑:张新建　　封面设计:企图书装　　责任印制:周荣虎

中国证券分析师与证券公司预测准确性评价研究 2022
Zhongguo Zhengquan Fenxishi Yu Zhengquan Gongsi Yuce Zhunquexing Pingjia Yanjiu 2022

出版发行	东南大学出版社
社　　址	南京市四牌楼 2 号　邮编　210096　电话　025-83793330
网　　址	http://www.seupress.com
电子邮箱	press@seupress.com
经　　销	全国各地新华书店
印　　刷	江苏凤凰数码印务有限公司
开　　本	700mm×1000mm　1/16
印　　张	7.5
字　　数	200 千
版　　次	2022 年 11 月第 1 版
印　　次	2022 年 11 月第 1 次印刷
书　　号	ISBN 978-7-5766-0338-5
定　　价	60.00 元

本社图书若有印装质量问题,请直接与营销部联系。电话(传真):025-83791830

声　明

　　本书是国家自然科学基金(项目号：71872081；71372030)、教育部人文社会科学重点研究基地南京大学长江三角洲经济社会发展研究中心暨区域经济转型与管理变革协同创新中心重大课题项目(项目号：CYD-2020009)、南京大学人文社科双一流建设"百层次"科研项目资助的阶段性成果。此书内容仅供学术参考与资讯用途。作者不保证本书内容的精确性及完整性，作者不承担读者使用本书内容导致的任何结果的责任。作者与此书的相关方对于读者使用本书所产生的任何损失或损害，不负任何责任。

摘　　要

近年来,我国证券分析师队伍伴随着资本市场的发展而迅速壮大。作为重要资本市场信息中介,证券分析师凭借其较强的信息搜集能力和专业分析能力,向投资者提供专业的研究报告,对缓解资本市场信息不对称、保护投资者及促进资本市场健康发展发挥着重要的积极作用。

鉴于证券分析师在资本市场的重要作用,无论是证券分析师群体,还是投资者群体,都需要一个客观公正的证券分析师评价体系。然而国内资本市场中,对于证券分析师的评价,多年来风靡根据"买方投票"数量的形式来给各行业的证券分析师进行排序,这种评价模式具有一定合理性及综合性。但根据买方机构主观打分的方式难免受到分析师专业能力以外的其他因素影响,其客观性、公正性也因此不能得到保证。更重要的是,证券分析师最重要的预测能力在投票这一评价过程中没有得到很好的体现,"买方投票"的评价过程与结果让投资者对分析师真正的证券分析与预测能力仍然无法知晓。鉴于此,我们尝试从分析师的最重要能力——"盈利预测准确性"出发对分析师专业能力进行评价,提供一种更加透明、客观、可验证的分析师评价模式,以期对现存分析师评价体系形成一定有益补充,更为证券投资者乃至证券市场评价分析师提供重要参考。

《中国证券分析师与证券公司预测准确性评价研究 2022》是我们将研究成果以专著的形式呈现。我们分为三年期和五年期两个时间段来对证券分析师及证券公司的盈利预测准确性表现进行分析评价。通过本书的研究结果,我们可以宏观上看出我国证券分析师行业的发展态势,微观上也可以看出不同证券公司研究所整体研究实力的平稳或起伏变化,对证券分析师及证券公司预测准确性表现形成更加直观的认识。

目前的评价方法虽然有其创新性,但难免有不足之处,我们非常欢迎同行的批评与建议,在后续定期的修订版本中根据实际情况进行方法的改进。

感谢国家自然科学基金、教育部人文社会科学重点研究基地南京大学长江三角洲经济社会发展研究中心暨区域经济转型与管理变革协同创新中心重大课题项目、南京大学人文社科双一流建设"百层次"科研项目的资助,感谢东南大学出版社编辑老师的辛苦工作。在本书的撰写过程中,博士生葛逸云编撰了 2 万多字的文本内容,张睿萱与朱荷清在数据收集方面发挥了重要作用,在此一并感谢。

目　录

1　概述 ·· 1
   1.1　理论基础 ·· 2
   1.2　数据来源与指标设计 ·· 3
2　三年期证券分析师预测准确性评价 ·· 7
   2.1　数据来源与样本说明 ·· 7
   2.2　三年期证券分析师预测准确性评价结果 ······························ 8
3　五年期证券分析师预测准确性评价 ·· 56
   3.1　数据来源与样本说明 ·· 56
   3.2　五年期证券分析师预测准确性评价结果 ···························· 57
4　三年期证券公司预测准确性评价ー ·· 88
   4.1　数据来源与样本说明 ·· 88
   4.2　三年期证券公司预测准确性评价结果 ································ 88
5　五年期证券公司预测准确性评价 ·· 100
   5.1　数据来源与样本说明 ·· 100
   5.2　五年期证券公司预测准确性评价结果 ······························ 100
6　2022 年度中国证券分析师与证券公司预测准确性评价总结 ········ 111

1 概 述

证券分析师行业伴随着资本市场的发展而诞生。作为重要的资本市场信息中介,证券分析师凭借其较强的信息搜集能力和专业分析能力,在宏观层面分析经济发展和行业政策的同时,也对上市公司的发展运营进行深入剖析,撰写研究报告向市场参与者提供投资决策建议,成为投资者投资决策的重要参考依据。

随着我国资本市场的不断发展,证券分析师队伍也日益壮大,至2022年持证上岗分析师已达3 606人[1]。在分析师群体迅速膨胀、研究报告汗牛充栋的市场形势下,一个客观、公正的分析师评价体系对于买卖双方乃至资本市场的规范运作无疑都具有重要意义。一方面,从分析师角度而言,在分析师人数急速扩张的过程中,分析师专业素质难以得到完全保证,分析师市场为实现优胜劣汰、褒扬先进需要一个公正的分析师评价体系;另一方面,从投资者角度而言,面对海量研究报告,分析师评价体系也可以提供一定甄别依据。然而国内资本市场中,对于证券分析师的评价,多年来风靡采用根据"买方投票"数量的形式来给各行业的证券分析师进行排序,这种评价模式具有一定合理性及综合性,但根据买方机构主观打分的方式难免受到分析师专业能力以外的其他因素影响,其客观性、公正性也因此大打折扣,同时随着研究市场竞争加剧,不够公开透明的评价过程也可能滋生拉票等不正当竞争行为,严重影响评选活动的严肃性、公平性和专业性[2]。更重要的是,本是证券分析师最重要的盈利预测能力在投票这一评价过程中没有得到很好的体现,"买方投票"的评价过程与结果让投资者对分析师真正的证券分析与预测能力仍然无法知晓。

基于此,我们试图从分析师的最重要能力——"盈利预测准确性"出发对分析师专业能力进行评价,提供一种更加透明、客观、可验证的分析师评价模式,以期对现存分析师评价体系形成一定有益补充,更为证券投资者乃至证券市场评价分析师提供重要参考。

在本书中,我们分别从证券分析师个体与证券公司的层面,根据不同的统计区

---

[1] 数据来源:中国证券业协会官网,统计截止时点2022.07.22,网址:http://www.sac.net.cn/。
[2] 参见中国证券业协会:《中国证券业协会支持证券公司退出有关分析师评选活动》。

间,在第二章至第五章分别展现 2018 年至 2022 年期间(对应 2017—2021 年公司年报发布截止日)三年期与五年期的"中国证券分析师预测准确性评价"与"中国证券公司研究实力评价"结果①。以便投资者可以从不同长度时间段的统计结果,宏观上看出我国证券分析师行业的发展态势,微观上也可以看出不同证券公司研究所研究预测实力的平稳或起伏变化。

本章将阐述中国证券分析师预测准确性评价的理论基础、数据来源及指标设计。

1.1 理论基础

每股收益(Earning Per Share,EPS)即每股税后利润,是普通股股东每持有一股所能享有的企业净利润或需承担的企业净亏损。每股收益是反映企业经营成果,衡量普通股的获利水平及投资风险的重要财务指标,也是投资者等信息使用者据以评价企业盈利能力、预测企业成长潜力、进而做出相关经济决策的关键指标之一。鉴于每股收益指标对股票估值及投资者决策的重要作用,证券分析师盈余预测的准确性不仅受到投资者和其他业界人士的普遍关注,也成为学术界探讨的热点(Ramnath et al.,2008)②,证券分析师准确预测所跟踪股票每股收益的能力也成为其专业能力、工作价值的重要表现(吴东辉和薛祖云,2005)③。

基于此,我们在以每股收益预测准确性作为评价分析师预测能力的主要依据,并通过标准化的处理方法解决不同股票间的可比性问题,综合考虑分析师的平均预测表现和最佳预测表现,得到对分析师预测能力的整体评价;在通过上述方法得到分析师预测能力的标准化得分基础上,我们进一步综合考虑证券公司的整体预测能力,并在注重证券公司拥有优秀分析师数量的同时,综合考虑了证券公司体量等成本因素,多维度、全方位地对证券公司的预测水平及成本效益进行评价。

---

① 为规避评价短期化可能引起的对分析师行为短期化引导及浮躁风气,本书仅从中长期对分析师进行评价,而未对短期评级等进行评价。

② Ramnath S,Rock S,Shane P. 2008. The financial analyst forecasting literature:A taxonomy with Suggestions for further research[J]. International Journal of Forecasting,24 (1):34-75.

③ 吴东辉,薛祖云. 财务分析师盈利预测的投资价值:来自深沪 A 股市场的证据[J]. 会计研究,2005(08):37-43+96.

1.2 数据来源与指标设计

1.2.1 数据来源与样本选择

本书基础数据全部来源于 CSMAR 数据库(深圳国泰安教育技术有限公司)①,涉及指标包括分析师姓名、分析师编码②、所属证券公司名称、预测公司证券代码、证券简称、预测终止日、预测每股收益及实际每股收益。

在对分析师预测准确性进行评价时,对分析师初始研究报告及预测数据按照如下原则进行剔除:(1)剔除针对非 A 股上市公司的研究报告;(2)剔除未对公司每股收益进行预测的研究报告;(3)分析师同一预测期间内进行多次每股收益预测时,保留该预测期间内最后一次每股收益预测(如某分析师在 2021.05.01—2022.04.30 期间内对跟踪的某公司 2021 年每股收益分别在 2021.05.30、2021.09.11 及 2022.01.20 进行了预测,仅保留 2022.01.20 发布报告中的每股收益预测);(4)同一研究报告中对未来多期每股收益进行预测时,保留最近一期每股收益预测(如某分析师在 2021.10.11 公布的研究报告中对 2021 年度、2022 年度及 2023 年度的每股收益均进行了预测,则仅保留针对 2021 年度的每股收益预测)。

关于行业分类,我们主要以中证指数有限公司公布的上市公司行业分类为准③,并在中证行业划分的二级行业基础上进行一定调整。此外,对评价期内因中证行业微调导致的差异以最新一期,即中证指数公司官方网站 2022 年 05 月 27 日发布的《中证指数公司更新中证行业分类结果》为准。

在中证二级行业分类基础上调整后的行业分类如下:

主要消费类:

(1) 主要消费—食品、饮料与烟草(除农牧渔产品)

包括中证对应行业④:主要消费—食品、饮料与烟草。

(2) 主要消费—农牧渔

---

① CSMAR 数据库(China Stock Market & Accounting Research Database)是深圳希施玛数据科技有限公司从学术研究需求出发,借鉴 CRSP、COMPUSTAT、TAQ、THOMSON 等权威数据库专业标准,并结合中国实际国情开发的经济金融领域的研究型精准数据库。经过 21 年的不断积累和完善,CSMAR 数据库已涵盖因子研究、人物特征、绿色经济、股票、公司、海外、资讯、基金、债券、行业、经济、商品期货等 18 大系列,包含 170+个数据库、4 000+张表、5 万+个字段。上述介绍来自国泰安数据库"产品简介"。

② CSMAR 内部编码,具有唯一性。

③ 具体行业分类原则参见中证指数有限公司官网(http://www.csindex.com.cn/)《关于行业分类的说明》。

④ 对应中证行业格式为:"一级行业—二级行业"及"一级行业—二级行业—三级行业",下同。

包括中证对应行业：主要消费—农牧渔。

信息技术类：

(3) 信息技术—信息技术(含半导体、计算机、电子)

包括中证对应行业：信息技术—半导体；信息技术—计算机；信息技术—电子。

公用事业类：

(4) 公用事业—公用事业

包括中证对应行业：公用事业—公用事业。

医药卫生类：

(5) 医药卫生—医药卫生(含医疗、医药)

包括中证对应行业：医药卫生—医疗；医药卫生—医药。

原材料类：

(6) 原材料—化工

包括中证对应行业：原材料—化工。

(7) 原材料—有色金属、钢铁、非金属材料

包括中证对应行业：原材料—有色金属；原材料—钢铁；原材料—非金属材料。

(8) 原材料—轻工(含家庭与个人用品、造纸与包装)

包括中证对应行业：主要消费—家庭与个人用品；原材料—造纸与包装。

可选消费类：

(9) 可选消费—乘用车及零部件

包括中证对应行业：可选消费—乘用车及零部件。

(10) 可选消费—消费者服务、耐用消费品、纺织服务与珠宝

包括中证对应行业：可选消费—消费者服务；可选消费—耐用消费品；可选消费—纺织服务与珠宝。

(11) 可选消费—零售业

包括中证对应行业：可选消费—零售业。

工业类：

(12) 工业—交通运输

包括中证对应行业：工业—交通运输。

(13) 工业—商业服务与用品

包括中证对应行业：工业—商业服务与用品。

(14) 工业—工业集团企业、建筑装饰

包括中证对应行业：工业—机械制造—工业集团企业；工业—建筑装饰。

(15) 工业—机械制造

包括中证对应行业：工业—机械制造—通用机械；工业—机械制造—专用机械；工业—机械制造—交通运输设备。

(16) 工业—环保

包括中证对应行业：工业—环保。

(17) 工业—电力设备

包括中证对应行业：工业—电力设备。

(18) 工业—航空航天与国防

包括中证对应行业：工业—航空航天与国防。

通信服务类：

(19) 通信服务—通信服务（含电信服务、通信设备及技术服务）

包括中证对应行业：通信服务—电信服务；通信服务—通信设备及技术服务。

(20) 通信服务—传媒

包括中证对应行业：通信服务—传媒。

能源类：

(21) 能源—能源

包括中证对应行业：能源—能源。

金融类：

(22) 金融—银行

包括中证对应行业：金融—银行。

(23) 金融—非银金融（含保险、资本市场、其他金融）

包括中证对应行业：金融—保险；金融—资本市场；金融—其他金融。

房地产类：

(24) 房地产—房地产

包括中证对应行业：房地产—房地产。

1.2.2　指标设计思路

(1) 分析师层面

在对分析师预测能力进行评价时，首先在单只股票维度计算出分析师每次预测准确度的相对排名并进行标准化。具体做法是：首先，计算每股收益预测值与每股收益真实值之差并取绝对值，得到单次预测与真实值的偏离程度；其次，对跟踪同一只股票的所有预测偏离程度由低到高进行排序，在预测偏离程度相同时，发布时间早的优先，若同日发布，跟踪公司数量多的分析分析师优先，若仍相同，则按分析师姓氏进行排序；最后，对相对排名进行标准化处理得出每次预测准确性的标准分。

为全面考察证券分析师研究报告的"质"与"量",在从股票维度得到分析师每次预测的标准分后,我们分别从平均表现和最佳表现两个维度对分析师预测准确性进行评价。在从平均表现维度对分析师表现进行评价时,对分析师在某行业内跟踪的全部公司的预测标准分求平均作为分析师平均表现打分,如分析师跟踪公司横跨不同行业,则对其在不同行业内的预测准确性表现分别评价。

在从最佳表现维度对分析师表现进行评价时,以分析师在某行业内跟踪的全部公司中的最优预测标准分作为分析师最佳表现打分,如分析师跟踪公司横跨不同行业,则对其在不同行业内的准确性表现分别评价。

(2) 证券公司层面

在证券公司层面,从证券公司全部分析师预测准确度表现均值角度及拥有明星分析师席位角度两个维度对证券公司预测能力进行评价。具体做法是:从证券公司全部分析师表现维度对证券公司预测能力进行评价时,对证券公司年度内全部活动分析师[①]表现求均值作为证券公司表现的衡量,需要说明的是,因对分析师评价具有平均和最佳两个维度,在对证券公司预测表现进行评价时,也相对应的分别从分析师平均标准分、分析师最佳标准分进行计算;

从证券公司拥有明星分析师席位角度对证券公司预测能力进行评价时,以各行业内表现最佳的前五名分析师为明星分析师,以各证券公司拥有明星分析师席位对证券公司的预测能力进行评价,同时考虑到证券公司为产生明星分析师所付出的"成本"不同,我们也同时列示了证券公司对应期间的活动分析师总量及发布研究报告总量,以助于更加全面深入的了解证券公司的预测实力及成本效益。

[①] 活动分析师指在相应期间内进行过针对 A 股上市公司的每股收益预测的分析师,即以 CSMAR 数据库为基准,根据 1.2.1 节所介绍的原则进行筛选后,本书所覆盖的分析师,下同。

2 三年期证券分析师预测准确性评价

2.1 数据来源与样本说明

三年期证券分析师预测准确性评价的数据期间为2019年5月1日至2022年4月30日。所有分析师预测数据来源于CSMAR数据库,涉及指标包括分析师姓名、分析师编码、所属证券公司名称、预测公司证券代码、证券简称、预测终止日、预测每股收益及实际每股收益。

在对三年期证券分析师预测准确性进行评价时,我们对分析师初始研究报告及预测数据按照如下原则进行剔除:(1)剔除针对非A股上市公司的研究报告;(2)剔除未对公司每股收益进行预测的研究报告;(3)分析师同一预测期间内进行多次每股收益预测时,保留该预测期间内最后一次每股收益预测;(4)同一研究报告中对未来多期每股收益进行预测时,保留最近一期每股收益预测。此外,在三年期证券分析师预测准确性评价中,我们仅对连续在行业内执业满三年的分析师进行了排名。

经上述筛选后,我们最终得到参与三年期证券分析师准确性评价的分析师共1 216名。其中,主要消费—食品、饮料与烟草(除农牧渔产品)行业103名、主要消费—农牧渔行业34名、信息技术—信息技术(含半导体、计算机、电子)行业269名、公用事业—公用事业行业36名、医药卫生—医药卫生(含医疗、医药)行业134名、原材料—化工行业138名、原材料—有色金属、钢铁、非金属材料行业128名、原材料—轻工(含家庭与个人用品、造纸与包装)行业74名、可选消费—乘用车及零部件行业98名、可选消费—消费者服务、耐用消费品、纺织服务与珠宝行业163名、可选消费—零售业行业44名、工业—交通运输行业44名、工业—商业服务与用品行业79名、工业—工业集团企业、建筑装饰行业68名、工业—机械制造行业133名、工业—环保行业34名、工业—电力设备行业147名、工业—航空航天与国防行业38名、通信服务—通信服务(含电信服务、通信设备及技术服务)行业61名、通信服务—传媒行业56名、能源—能源行业47名、金融—银行行业40名、金融—非银金融(含保险、资本市场、其他金融)行业 59 名、房地产—房地产行业 39 名①。

2.2 三年期证券分析师预测准确性评价结果

我们按照第一章介绍的计算方法,首先计算出各行业内每位分析师各年度每股收益预测的平均表现得分及最佳表现得分,在此基础上对分析师在行业内三年表现(平均表现和最佳表现两个维度)得分求平均,按照三年平均标准分由低到高进行排序②,若标准分相同,平均跟踪行业公司数量多的优先,若仍相同,按分析师姓名排序。按上述方法得到三年期的分行业证券分析师预测准确性排名如下,因篇幅所限,我们只列示了各行业内排名前 20 名的证券分析师,若不足 20 名,则全部列示。

表 2-1 三年期分析师预测准确性评价—平均表现(2019.05.01—2022.04.30)
行业:主要消费—食品、饮料与烟草(除农牧渔产品)

分析师姓名	平均表现排名	平均跟踪股票数量	所属证券公司③
徐乔威	1	1	国泰君安证券股份有限公司
符 蓉	2	29	国盛证券有限责任公司
陈 雯	3	3	万联证券股份有限公司
刘 威	4	4	海通证券股份有限公司
薛玉虎	5	29	国海证券股份有限公司
王 聪	6	2	天风证券股份有限公司
寇 星	7	19	华西证券股份有限公司
文 献	8	14	华安证券股份有限公司
曾 光	9	1	国信证券股份有限公司
訾 猛	10	32	国泰君安证券股份有限公司
朱会振	11	24	西南证券股份有限公司
杨天明	12	3	华泰证券股份有限公司

① 因存在同一分析师跟踪不同行业的情况,因此证券分析师总数与各行业分析师数量加总数不一致。
② 标准分越低,预测误差相对越小,预测准确度相对越高。
③ 所属证券公司信息为分析师 2019.05.01—2022.04.30 期间最后一次发布报告时所处的证券公司,下同。

(续表)

分析师姓名	平均表现排名	平均跟踪股票数量	所属证券公司③
范劲松	13	32	中泰证券股份有限公司
黄　婧	14	6	国开证券股份有限公司
刘洁铭	15	23	国海证券股份有限公司
姜　娅	16	1	中信证券股份有限公司
王永锋	17	29	广发证券股份有限公司
苏　铖	18	31	兴业证券股份有限公司
沈　旸	19	6	国盛证券有限责任公司
吴　立	20	6	天风证券股份有限公司

表2-2　三年期分析师预测准确性评价—最佳表现(2019.05.01—2022.04.30)
行业：主要消费—食品、饮料与烟草(除农牧渔产品)

分析师姓名	最佳表现排名	平均跟踪股票数量	所属证券公司
符　蓉	1	29	国盛证券有限责任公司
范劲松	2	32	中泰证券股份有限公司
薛玉虎	3	29	国海证券股份有限公司
苏　铖	4	31	兴业证券股份有限公司
朱会振	5	24	西南证券有限公司
熊　鹏	6	10	西部证券股份有限公司
马　铮	7	17	信达证券股份有限公司
黄　婧	8	6	国开证券股份有限公司
叶书怀	9	18	东方证券股份有限公司
欧阳宇剑	10	15	川财证券有限责任公司
刘　畅	11	40	天风证券股份有限公司
刘洁铭	12	23	国海证券股份有限公司
叶倩瑜	13	26	光大证券股份有限公司
陈梦瑶	14	20	国联证券股份有限公司
訾　猛	15	32	国泰君安证券股份有限公司
刘宸倩	16	18	国金证券股份有限公司

(续表)

分析师姓名	最佳表现排名	平均跟踪股票数量	所属证券公司
王永锋	17	29	广发证券股份有限公司
熊 航	18	22	民生证券股份有限公司
董广阳	19	26	华创证券有限责任公司
寇 星	20	19	华西证券股份有限公司

在2019年5月1日至2022年4月30日这三年的期间内,持续跟踪主要消费—食品、饮料与烟草(除农牧渔产品)行业并作出每股收益预测的分析师有103名。由表2-1、表2-2可以看出,从平均预测准确性角度来看,排在前五名的分析师分别是:国泰君安证券股份有限公司的徐乔威、国盛证券有限责任公司的符蓉、万联证券股份有限公司的陈雯、海通证券股份有限公司的刘威和国海证券股份有限公司的薛玉虎。从最佳预测准确性角度来看,排在前五名的分析师分别是:国盛证券有限责任公司的符蓉、中泰证券股份有限公司的范劲松、国海证券股份有限公司的薛玉虎、兴业证券股份有限公司的苏铖和西南证券股份有限公司的朱会振。

表2-3 三年期分析师预测准确性评价—平均表现(2019.05.01—2022.04.30)
行业:主要消费—农牧渔

分析师姓名	平均表现排名	平均跟踪股票数量	所属证券公司
孟维肖	1	5	浙商证券股份有限公司
鲁家瑞	2	13	国信证券股份有限公司
钟凯锋	3	14	国泰君安证券股份有限公司
丁 频	4	12	海通证券股份有限公司
程诗月	5	6	东兴证券股份有限公司
王 乾	6	9	广发证券股份有限公司
刘丛丛	7	3	海通证券股份有限公司
王艳君	8	7	国泰君安证券股份有限公司
陈 潇	9	3	天风证券股份有限公司
吴 立	10	14	天风证券股份有限公司
钱 浩	11	9	广发证券股份有限公司
杨天明	12	7	华泰证券股份有限公司
陈 娇	13	11	兴业证券股份有限公司

（续表）

分析师姓名	平均表现排名	平均跟踪股票数量	所属证券公司
陈雪丽	14	14	开源证券股份有限公司
周泰	15	7	民生证券股份有限公司
熊承慧	16	11	招商证券股份有限公司
盛夏	17	16	中信证券股份有限公司
陈阳	18	12	海通证券股份有限公司
王莺	19	6	华安证券股份有限公司
李晓渊	20	13	国泰君安证券股份有限公司

表2-4 三年期分析师预测准确性评价—最佳表现（2019.05.01—2022.04.30）
行业：主要消费—农牧渔

分析师姓名	最佳表现排名	平均跟踪股票数量	所属证券公司
陈雪丽	1	14	开源证券股份有限公司
王乾	2	9	广发证券股份有限公司
钟凯锋	3	14	国泰君安证券股份有限公司
谢芝优	4	9	中国银河证券股份有限公司
吴立	5	14	天风证券股份有限公司
鲁家瑞	6	13	国信证券股份有限公司
丁频	7	12	海通证券股份有限公司
孟维肖	8	5	浙商证券股份有限公司
杨天明	9	7	华泰证券股份有限公司
钱浩	10	9	广发证券股份有限公司
程一胜	11	10	国海证券股份有限公司
王艳君	12	7	国泰君安证券股份有限公司
程晓东	13	7	太平洋证券股份有限公司
盛夏	14	16	中信证券股份有限公司
熊承慧	15	11	招商证券股份有限公司
王莺	16	6	华安证券股份有限公司
陈阳	17	12	海通证券股份有限公司

(续表)

分析师姓名	最佳表现排名	平均跟踪股票数量	所属证券公司
周　莎	18	11	华西证券股份有限公司
周　泰	19	7	民生证券股份有限公司
冯　鹤	20	7	华泰证券股份有限公司

在2019年5月1日至2022年4月30日这三年的期间内，持续跟踪主要消费—农牧渔行业并作出每股收益预测的分析师有34名。由表2-3、表2-4可以看出，从平均预测准确性角度来看，排在前五名的分析师分别是：浙商证券股份有限公司的孟维肖、国信证券股份有限公司的鲁家瑞、国泰君安证券股份有限公司的钟凯锋、海通证券股份有限公司的丁频和东兴证券股份有限公司的程诗月。从最佳预测准确性角度来看，排在前五名的分析师分别是：开源证券股份有限公司的陈雪丽、广发证券股份有限公司的王乾、国泰君安证券股份有限公司的钟凯锋、中国银河证券股份有限公司的谢芝优和天风证券股份有限公司的吴立。

表2-5　三年期分析师预测准确性评价—平均表现(2019.05.01—2022.04.30)
行业：信息技术—信息技术(含半导体、计算机及电子)

分析师姓名	平均表现排名	平均跟踪股票数量	所属证券公司
曾　光	1	1	国信证券股份有限公司
鞠兴海	2	1	国盛证券有限责任公司
钟　潇	3	1	国信证券股份有限公司
高宏博	4	3	浙商证券股份有限公司
王华君	5	3	浙商证券股份有限公司
相　姜	6	1	海通证券股份有限公司
郭丽丽	7	1	天风证券股份有限公司
黄　琨	8	3	国泰君安证券股份有限公司
尹会伟	9	3	民生证券股份有限公司
钮宇鸣	10	1	海通证券股份有限公司
陈旭东	11	5	华泰证券股份有限公司
余　俊	12	6	招商证券股份有限公司
朱　珺	13	3	华泰证券股份有限公司
王轶铭	14	1	万和证券有限责任公司

(续表)

分析师姓名	平均表现排名	平均跟踪股票数量	所属证券公司
张高艳	15	3	海通证券股份有限公司
张恒晅	16	4	海通证券股份有限公司
毛 正	17	12	华鑫证券有限责任公司
余 平	18	2	国盛证券有限责任公司
李阳东	19	2	国泰君安证券股份有限公司
周尔双	20	6	东吴证券股份有限公司

表2-6 三年期分析师预测准确性评价—最佳表现(2019.05.01—2022.04.30)
行业：信息技术—信息技术(含半导体、计算机及电子)

分析师姓名	最佳表现排名	平均跟踪股票数量	所属证券公司
刘 凯	1	43	光大证券股份有限公司
耿军军	2	25	国元证券股份有限公司
黄乐平	3	40	华泰证券股份有限公司
李沐华	4	29	国泰君安证券股份有限公司
刘高畅	5	38	国盛证券有限责任公司
郑震湘	6	43	国盛证券有限责任公司
刘雪峰	7	26	广发证券股份有限公司
徐 涛	8	33	中信证券股份有限公司
许兴军	9	42	广发证券股份有限公司
毛 正	10	12	华鑫证券有限责任公司
潘 暕	11	57	天风证券股份有限公司
郑宏达	12	47	海通证券股份有限公司
谢 恒	13	21	兴业证券股份有限公司
杨思睿	14	18	中银国际证券股份有限公司
陈宝健	15	39	开源证券股份有限公司
吴吉森	16	21	国海证券股份有限公司
余 俊	17	6	招商证券股份有限公司
闻学臣	18	23	中泰证券股份有限公司

(续表)

分析师姓名	最佳表现排名	平均跟踪股票数量	所属证券公司
刘 翔	19	46	开源证券股份有限公司
杨泽原	20	34	中信证券股份有限公司

在2019年5月1日至2022年4月30日这三年的期间内,持续跟踪信息技术—信息技术(含半导体、计算机及电子)行业并作出每股收益预测的分析师有269名。由表2-5、表2-6可以看出,从平均预测准确性角度来看,排在前五名的分析师分别是:国信证券股份有限公司的曾光、国盛证券有限责任公司的鞠兴海、国信证券股份有限公司的钟潇、浙商证券股份有限公司的高宏博和浙商证券股份有限公司的王华君。从最佳预测准确性角度来看,排在前五名的分析师分别是:光大证券股份有限公司的刘凯、国元证券股份有限公司的耿军军、华泰证券股份有限公司的黄乐平、国泰君安证券股份有限公司的李沐华和国盛证券有限责任公司的刘高畅。

表2-7 三年期分析师预测准确性评价—平均表现(2019.05.01—2022.04.30)
行业:公用事业—公用事业

分析师姓名	平均表现排名	平均跟踪股票数量	所属证券公司
袁 理	1	3	东吴证券股份有限公司
殷中枢	2	1	光大证券股份有限公司
郑丹丹	3	1	东兴证券股份有限公司
庞天一	4	4	华创证券有限责任公司
吴 杰	5	8	海通证券股份有限公司
张樨樨	6	2	天风证券股份有限公司
戴元灿	7	8	海通证券股份有限公司
杨心成	8	4	国盛证券有限责任公司
刘 俊	9	10	中国国际金融股份有限公司
李 想	10	14	中信证券股份有限公司
郭 鹏	11	9	广发证券股份有限公司
张爱宁	12	15	国泰君安证券股份有限公司
卢日鑫	13	1	东方证券股份有限公司
严家源	14	8	民生证券股份有限公司

(续表)

分析师姓名	平均表现排名	平均跟踪股票数量	所属证券公司
于夕朦	15	10	长城证券股份有限公司
朱纯阳	16	6	招商证券股份有限公司
王玮嘉	17	18	华泰证券股份有限公司
王颖婷	18	6	西南证券股份有限公司
邵琳琳	19	9	安信证券股份有限公司
蔡屹	20	11	兴业证券股份有限公司

表2-8 三年期分析师预测准确性评价—最佳表现(2019.05.01—2022.04.30)
行业：公用事业—公用事业

分析师姓名	最佳表现排名	平均跟踪股票数量	所属证券公司
李想	1	14	中信证券股份有限公司
张爱宁	2	15	国泰君安证券股份有限公司
于夕朦	3	10	长城证券股份有限公司
邵琳琳	4	9	安信证券股份有限公司
郭丽丽	5	16	天风证券股份有限公司
王玮嘉	6	18	华泰证券股份有限公司
杨心成	7	4	国盛证券有限责任公司
武云泽	8	11	中信证券股份有限公司
蔡屹	9	11	兴业证券股份有限公司
刘俊	10	10	中国国际金融股份有限公司
戴元灿	11	8	海通证券股份有限公司
朱纯阳	12	6	招商证券股份有限公司
严家源	13	8	民生证券有限公司
吴杰	14	8	海通证券股份有限公司
庞天一	15	4	华创证券有限责任公司
王颖婷	16	6	西南证券股份有限公司
刘佳妮	17	8	中国国际金融股份有限公司
袁理	18	3	东吴证券股份有限公司

(续表)

分析师姓名	最佳表现排名	平均跟踪股票数量	所属证券公司
张樨樨	19	2	天风证券股份有限公司
傅逸帆	20	7	海通证券股份有限公司

在2019年5月1日至2022年4月30日这三年的期间内，持续跟踪公用事业—公用事业行业并作出每股收益预测的分析师有36名。由表2-7、表2-8可以看出，从平均预测准确性角度来看，排在前五名的分析师分别是：东吴证券股份有限公司的袁理、光大证券股份有限公司的殷中枢、东兴证券股份有限公司的郑丹丹、华创证券有限责任公司的庞天一和海通证券股份有限公司的吴杰。从最佳预测准确性角度来看，排在前五名的分析师分别是：中信证券股份有限公司的李想、国泰君安证券股份有限公司的张爱宁、长城证券股份有限公司的于夕朦、安信证券股份有限公司的邵琳琳和天风证券股份有限公司的郭丽丽。

表2-9 三年期分析师预测准确性评价—平均表现（2019.05.01—2022.04.30）
行业：医药卫生—医药卫生（含医疗、医药）

分析师姓名	平均表现排名	平均跟踪股票数量	所属证券公司
倪 吉	1	1	东方证券股份有限公司
王 超	2	1	招商证券股份有限公司
马 莉	3	2	浙商证券股份有限公司
洪 涛	4	1	广发证券股份有限公司
李 辉	5	1	浙商证券股份有限公司
谢 楠	6	2	中泰证券股份有限公司
于庭泽	7	1	首创证券有限责任公司
刘 易	8	2	中信证券股份有限公司
张志扬	9	1	兴业证券股份有限公司
邓 欣	10	1	中泰证券股份有限公司
谢木青	11	17	中泰证券股份有限公司
郭双喜	12	3	浙商证券股份有限公司
袁 维	13	19	国金证券股份有限公司
赵海春	14	6	国金证券股份有限公司
崔洁铭	15	13	东北证券股份有限公司

（续表）

分析师姓名	平均表现排名	平均跟踪股票数量	所属证券公司
张金洋	16	45	国盛证券有限责任公司
胡偌碧	17	14	国盛证券有限责任公司
高 岳	18	15	华创证券有限责任公司
岑晓翔	19	1	招商证券股份有限公司
唐爱金	20	6	方正证券股份有限公司

表2-10 三年期分析师预测准确性评价—最佳表现(2019.05.01—2022.04.30)
行业：医药卫生—医药卫生(含医疗、医药)

分析师姓名	最佳表现排名	平均跟踪股票数量	所属证券公司
张金洋	1	45	国盛证券有限责任公司
林小伟	2	51	光大证券股份有限公司
袁 维	3	19	国金证券股份有限公司
杜向阳	4	56	西南证券股份有限公司
代 雯	5	35	华泰证券股份有限公司
叶 寅	6	28	平安证券股份有限公司
祝嘉琦	7	25	中泰证券股份有限公司
高 岳	8	15	华创证券有限责任公司
丁 丹	9	43	国泰君安证券股份有限公司
孙 建	10	30	浙商证券股份有限公司
徐佳熹	11	68	兴业证券股份有限公司
罗佳荣	12	38	广发证券股份有限公司
何 玮	13	24	东方财富证券股份有限公司
崔洁铭	14	13	东北证券股份有限公司
陈 竹	15	39	中信证券股份有限公司
谢木青	16	17	中泰证券股份有限公司
孙媛媛	17	53	兴业证券股份有限公司
余文心	18	32	海通证券股份有限公司
马 帅	19	49	安信证券股份有限公司
蔡明子	20	16	开源证券股份有限公司

在2019年5月1日至2022年4月30日这三年的期间内,持续跟踪医药卫生—医药卫生(含医疗、医药)行业并作出每股收益预测的分析师有134名。由表2-9、表2-10可以看出,从平均预测准确性角度来看,排在前五名的分析师分别是:东方证券股份有限公司的倪吉、招商证券股份有限公司的王超、浙商证券股份有限公司的马莉、广发证券股份有限公司的洪涛和浙商证券股份有限公司的李辉。从最佳预测准确性角度来看,排在前五名的分析师分别是:国盛证券有限责任公司的张金洋、光大证券股份有限公司的林小伟、国金证券股份有限公司的袁维、西南证券股份有限公司的杜向阳和华泰证券股份有限公司的代雯。

表2-11 三年期分析师预测准确性评价—平均表现(2019.05.01—2022.04.30)

行业:原材料—化工

分析师姓名	平均表现排名	平均跟踪股票数量	所属证券公司
侯 宾	1	1	东吴证券股份有限公司
赵军胜	2	1	东兴证券股份有限公司
苏立赞	3	2	国海证券股份有限公司
鲍荣富	4	7	天风证券股份有限公司
徐 强	5	1	国泰君安证券股份有限公司
许隽逸	6	4	国金证券股份有限公司
彭 磊	7	1	国泰君安证券股份有限公司
沈 猛	8	8	西南证券股份有限公司
刘 易	9	2	中信证券股份有限公司
于夕朦	10	1	长城证券股份有限公司
安 鹏	11	1	广发证券股份有限公司
石 康	12	2	兴业证券股份有限公司
沈 涛	13	1	广发证券股份有限公司
周 铮	14	22	招商证券股份有限公司
李鲁靖	15	2	天风证券股份有限公司
孟祥杰	16	1	广发证券股份有限公司
孙明新	17	2	中信证券股份有限公司
魏振亚	18	2	天风证券股份有限公司
陶贻功	19	7	太平洋证券股份有限公司
孙 颖	20	6	中泰证券股份有限公司

表 2-12 三年期分析师预测准确性评价—最佳表现(2019.05.01—2022.04.30)
行业：原材料—化工

分析师姓名	最佳表现排名	平均跟踪股票数量	所属证券公司
刘 威	1	66	海通证券股份有限公司
周 铮	2	22	招商证券股份有限公司
柳 强	3	20	东吴证券股份有限公司
余嫄嫄	4	16	中银国际证券股份有限公司
谢 楠	5	22	中泰证券股份有限公司
杨 伟	6	25	华西证券股份有限公司
李永磊	7	31	国海证券股份有限公司
庄汀洲	8	22	华泰证券股份有限公司
乔 璐	9	12	安信证券股份有限公司
杨 晖	10	11	西部证券股份有限公司
杨 林	11	32	国信证券股份有限公司
邓 勇	12	31	海通证券股份有限公司
袁健聪	13	33	中信证券股份有限公司
李 辉	14	22	浙商证券股份有限公司
吴 轩	15	4	长城证券股份有限公司
陶贻功	16	7	太平洋证券股份有限公司
张汪强	17	35	安信证券股份有限公司
曹承安	18	13	招商证券股份有限公司
王 喆	19	53	中信证券股份有限公司
唐 婕	20	15	天风证券股份有限公司

在2019年5月1日至2022年4月30日这三年的期间内,持续跟踪原材料—化工行业并作出每股收益预测的分析师有138名。由表2-11、表2-12可以看出,从平均预测准确性角度来看,排在前五名的分析师分别是：东吴证券股份有限公司的侯宾、东兴证券股份有限公司的赵军胜、国海证券股份有限公司的苏立赞、天风证券股份有限公司的鲍荣富和国泰君安证券股份有限公司的徐强。从最佳预测准确性角度来看,排在前五名的分析师分别是：海通证券股份有限公司的刘威、招商证券股份有限公司的周铮、东吴证券股份有限公司的柳强、中银国际证券股份有限公司的余嫄嫄和中泰证券股份有限公司的谢楠。

表 2-13　三年期分析师预测准确性评价—平均表现(2019.05.01—2022.04.30)
行业：原材料—有色金属、钢铁、非金属材料

分析师姓名	平均表现排名	平均跟踪股票数量	所属证券公司
杨 林	1	1	国信证券股份有限公司
胡 洋	2	1	安信证券股份有限公司
曾朵红	3	1	东吴证券股份有限公司
郭 皓	4	12	中泰证券股份有限公司
李隆海	5	1	东莞证券股份有限公司
阮巧燕	6	1	东吴证券股份有限公司
李鹏飞	7	25	国泰君安证券股份有限公司
赖福洋	8	6	开源证券股份有限公司
孙伟风	9	5	光大证券股份有限公司
房大磊	10	4	国盛证券有限责任公司
曹 云	11	8	中泰证券股份有限公司
王彬鹏	12	5	华创证券有限责任公司
蒯 剑	13	1	东方证券股份有限公司
石 康	14	2	兴业证券股份有限公司
邹 戈	15	8	广发证券股份有限公司
陈俊杰	16	2	东北证券股份有限公司
金益腾	17	2	开源证券股份有限公司
吴 轩	18	6	首创证券有限责任公司
沈 猛	19	2	西南证券股份有限公司
邱祖学	20	33	民生证券股份有限公司

表 2-14　三年期分析师预测准确性评价—最佳表现(2019.05.01—2022.04.30)
行业：原材料—有色金属、钢铁、非金属材料

分析师姓名	最佳表现排名	平均跟踪股票数量	所属证券公司
丁士涛	1	13	太平洋证券股份有限公司
王彬鹏	2	5	华创证券有限责任公司
李 斌	3	30	华泰证券股份有限公司

(续表)

分析师姓名	最佳表现排名	平均跟踪股票数量	所属证券公司
邱祖学	4	33	民生证券股份有限公司
施　毅	5	13	海通证券股份有限公司
李鹏飞	6	25	国泰君安证券股份有限公司
刘文平	7	17	招商证券股份有限公司
鲍雁辛	8	28	国泰君安证券股份有限公司
马金龙	9	14	浙商证券股份有限公司
华　立	10	12	中国银河证券股份有限公司
李　超	11	20	中信证券股份有限公司
方驭涛	12	9	光大证券股份有限公司
鲍荣富	13	17	天风证券股份有限公司
巨国贤	14	19	广发证券股份有限公司
刘孟峦	15	20	国信证券股份有限公司
陈浩武	16	11	中银国际证券股份有限公司
娄永刚	17	11	信达证券股份有限公司
郭　皓	18	12	中泰证券股份有限公司
敖　翀	19	24	中信证券股份有限公司
李帅华	20	10	太平洋证券股份有限公司

在2019年5月1日至2022年4月30日这三年的期间内，持续跟踪原材料—有色金属、钢铁、非金属材料行业并作出每股收益预测的分析师有128名。由表2-13、表2-14可以看出，从平均预测准确性角度来看，排在前五名的分析师分别是：国信证券股份有限公司的杨林、安信证券股份有限公司的胡洋、东吴证券股份有限公司的曾朵红、中泰证券股份有限公司的郭皓和东莞证券股份有限公司的李隆海。从最佳预测准确性角度来看，排在前五名的分析师分别是：太平洋证券股份有限公司的丁士涛、华创证券有限责任公司的王彬鹏、华泰证券股份有限公司的李斌、民生证券股份有限公司的邱祖学和海通证券股份有限公司的施毅。

表 2-15 三年期分析师预测准确性评价—平均表现(2019.05.01—2022.04.30)
行业：原材料—轻工(含家庭与个人用品、造纸与包装)

分析师姓名	平均表现排名	平均跟踪股票数量	所属证券公司
鲍荣富	1	2	天风证券股份有限公司
邹戈	2	2	广发证券股份有限公司
谢璐	3	2	广发证券股份有限公司
张家璇	4	3	东吴证券股份有限公司
汤军	5	4	东吴证券股份有限公司
代雯	6	1	华泰证券股份有限公司
吴劲草	7	5	东吴证券股份有限公司
马莉	8	13	浙商证券股份有限公司
方晏荷	9	2	华泰证券股份有限公司
鲍雁辛	10	2	国泰君安证券股份有限公司
訾猛	11	6	国泰君安证券股份有限公司
姜浩	12	7	光大证券股份有限公司
张潇	13	4	东吴证券股份有限公司
肖昊	14	4	中信证券股份有限公司
史凡可	15	9	浙商证券股份有限公司
洪涛	16	5	广发证券股份有限公司
刘嘉仁	17	5	兴业证券股份有限公司
郭庆龙	18	10	海通证券股份有限公司
赵中平	19	10	招商证券股份有限公司
李鑫	20	4	中信证券股份有限公司

表 2-16 三年期分析师预测准确性评价—最佳表现(2019.05.01—2022.04.30)
行业：原材料—轻工(含家庭与个人用品、造纸与包装)

分析师姓名	最佳表现排名	平均跟踪股票数量	所属证券公司
马莉	1	13	浙商证券股份有限公司
吴劲草	2	5	东吴证券股份有限公司
郭庆龙	3	10	海通证券股份有限公司

(续表)

分析师姓名	最佳表现排名	平均跟踪股票数量	所属证券公司
刘嘉仁	4	5	兴业证券股份有限公司
穆方舟	5	12	国泰君安证券股份有限公司
徐林锋	6	10	华西证券股份有限公司
李宏鹏	7	7	信达证券股份有限公司
蔡欣	8	7	西南证券股份有限公司
訾猛	9	6	国泰君安证券股份有限公司
史凡可	10	9	浙商证券股份有限公司
赵中平	11	10	招商证券股份有限公司
张心怡	12	10	国泰君安证券股份有限公司
李昂	13	9	中国银河证券股份有限公司
陈羽锋	14	7	华泰证券股份有限公司
范张翔	15	6	天风证券股份有限公司
戚志圣	16	10	华西证券股份有限公司
唐凯	17	12	东北证券股份有限公司
林昕宇	18	10	国泰君安证券股份有限公司
张潇	19	4	东吴证券股份有限公司
嵇文欣	20	5	广发证券股份有限公司

在2019年5月1日至2022年4月30日这三年的期间内,持续跟踪原材料—轻工(含家庭与个人用品、造纸与包装)行业并作出每股收益预测的分析师有74名。由表2-15、表2-16可以看出,从平均预测准确性角度来看,排在前五名的分析师分别是:天风证券股份有限公司的鲍荣富、广发证券股份有限公司的邹戈、广发证券股份有限公司的谢璐、东吴证券股份有限公司的张家璇和东吴证券股份有限公司的汤军。从最佳预测准确性角度来看,排在前五名的分析师分别是:浙商证券股份有限公司的马莉、东吴证券股份有限公司的吴劲草、海通证券股份有限公司的郭庆龙、兴业证券股份有限公司的刘嘉仁和国泰君安证券股份有限公司的穆方舟。

表 2-17　三年期分析师预测准确性评价—平均表现(2019.05.01—2022.04.30)
行业：可选消费—乘用车及零部件

分析师姓名	平均表现排名	平均跟踪股票数量	所属证券公司
刘　军	1	2	东北证券股份有限公司
李永磊	2	2	国海证券股份有限公司
张燕生	3	1	信达证券股份有限公司
任　浪	4	2	开源证券股份有限公司
张　晗	5	1	东北证券股份有限公司
陈　晓	6	6	华安证券股份有限公司
邓健全	7	13	开源证券股份有限公司
黄　博	8	1	川财证券有限责任公司
金益腾	9	1	开源证券股份有限公司
袁健聪	10	3	中信证券股份有限公司
李　哲	11	1	安信证券股份有限公司
黄细里	12	9	东吴证券股份有限公司
唐旭霞	13	14	国信证券股份有限公司
杨泽原	14	2	中信证券股份有限公司
尹　斌	15	1	华鑫证券有限责任公司
张程航	16	13	华创证券有限责任公司
曹　佩	17	1	太平洋证券股份有限公司
王华君	18	2	浙商证券股份有限公司
曾朵红	19	2	东吴证券股份有限公司
尹欣驰	20	33	中信证券股份有限公司

表 2-18　三年期分析师预测准确性评价—最佳表现(2019.05.01—2022.04.30)
行业：可选消费—乘用车及零部件

分析师姓名	最佳表现排名	平均跟踪股票数量	所属证券公司
戴　畅	1	21	兴业证券股份有限公司
林志轩	2	22	华泰证券股份有限公司
吴晓飞	3	22	国泰君安证券股份有限公司

(续表)

分析师姓名	最佳表现排名	平均跟踪股票数量	所属证券公司
汪刘胜	4	19	招商证券股份有限公司
白 宇	5	17	太平洋证券股份有限公司
黄细里	6	9	东吴证券股份有限公司
崔 琰	7	26	华西证券股份有限公司
张程航	8	13	华创证券有限责任公司
朱 朋	9	15	中银国际证券股份有限公司
杨献宇	10	7	招商证券股份有限公司
赵水平	11	11	国泰君安证券股份有限公司
尹欣驰	12	33	中信证券股份有限公司
姜雪晴	13	17	东方证券股份有限公司
于 特	14	21	天风证券股份有限公司
王德安	15	9	平安证券股份有限公司
郑连声	16	9	渤海证券股份有限公司
杜 威	17	19	海通证券股份有限公司
李永磊	18	2	国海证券股份有限公司
邵 将	19	10	民生证券股份有限公司
邓健全	20	13	开源证券股份有限公司

在2019年5月1日至2022年4月30日这三年的期间内,持续跟踪可选消费—乘用车及零部件行业并作出每股收益预测的分析师有98名。由表2-17、表2-18可以看出,从平均预测准确性角度来看,排在前五名的分析师分别是:东北证券股份有限公司的刘军、国海证券股份有限公司的李永磊、信达证券股份有限公司的张燕生、开源证券股份有限公司的任浪和东北证券股份有限公司的张晗。从最佳预测准确性角度来看,排在前五名的分析师分别是:兴业证券股份有限公司的戴畅、华泰证券股份有限公司的林志轩、国泰君安证券股份有限公司的吴晓飞、招商证券股份有限公司的汪刘胜和太平洋证券股份有限公司的白宇。

表 2-19　三年期分析师预测准确性评价—平均表现(2019.05.01—2022.04.30)
行业：可选消费—消费者服务、耐用消费品、纺织服务与珠宝

分析师姓名	平均表现排名	平均跟踪股票数量	所属证券公司
朱 珠	1	1	华鑫证券有限责任公司
许兴军	2	1	广发证券股份有限公司
姚 蕾	3	2	国海证券股份有限公司
张良卫	4	3	东吴证券股份有限公司
冯晨阳	5	1	海通证券股份有限公司
洪 涛	6	3	广发证券股份有限公司
蔡雯娟	7	20	国泰君安证券股份有限公司
刘海博	8	2	中信证券股份有限公司
李华丰	9	2	西部证券股份有限公司
马 莉	10	32	浙商证券股份有限公司
雒雅梅	11	4	西部证券股份有限公司
孙 谦	12	12	天风证券股份有限公司
顾 佳	13	2	招商证券股份有限公司
唐佳睿	14	7	光大证券股份有限公司
曾 光	15	18	国信证券股份有限公司
汤 军	16	6	东吴证券股份有限公司
李睿鹏	17	2	中信证券股份有限公司
王睿哲	18	3	群益证券(香港)有限公司
魏红梅	19	5	东莞证券股份有限公司
吕 明	20	24	开源证券股份有限公司

表 2-20　三年期分析师预测准确性评价—最佳表现(2019.05.01—2022.04.30)
行业：可选消费—消费者服务、耐用消费品、纺织服务与珠宝

分析师姓名	最佳表现排名	平均跟踪股票数量	所属证券公司
孙 谦	1	12	天风证券股份有限公司
张立聪	2	25	安信证券股份有限公司
鞠兴海	3	27	国盛证券有限责任公司

(续表)

分析师姓名	最佳表现排名	平均跟踪股票数量	所属证券公司
吕 明	4	24	开源证券股份有限公司
马 莉	5	32	浙商证券股份有限公司
蔡 欣	6	12	西南证券股份有限公司
范张翔	7	24	天风证券股份有限公司
龚梦泓	8	22	西南证券股份有限公司
蔡雯娟	9	20	国泰君安证券股份有限公司
曾 婵	10	20	广发证券股份有限公司
陈子仪	11	14	海通证券股份有限公司
施红梅	12	14	东方证券股份有限公司
姜 娅	13	12	中信证券股份有限公司
洪吉然	14	14	光大证券股份有限公司
糜韩杰	15	23	广发证券股份有限公司
纪 敏	16	18	中信证券股份有限公司
唐爽爽	17	19	华西证券股份有限公司
林寰宇	18	22	华泰证券股份有限公司
曾 光	19	18	国信证券股份有限公司
汪立亭	20	9	海通证券股份有限公司

在2019年5月1日至2022年4月30日这三年的期间内，持续跟踪可选消费—消费者服务、耐用消费品、纺织服务与珠宝行业并作出每股收益预测的分析师有163名。由表2-19、表2-20可以看出，从平均预测准确性角度来看，排在前五名的分析师分别是：华鑫证券有限责任公司的朱珠、广发证券股份有限公司的许兴军、国海证券股份有限公司的姚蕾、东吴证券股份有限公司的张良卫和海通证券股份有限公司冯晨阳。从最佳预测准确性角度来看，排在前五名的分析师分别是：天风证券股份有限公司的孙谦、安信证券股份有限公司的张立聪、国盛证券有限责任公司的鞠兴海、开源证券股份有限公司的吕明和浙商证券股份有限公司的马莉。

表 2-21 三年期分析师预测准确性评价—平均表现(2019.05.01—2022.04.30)
行业：可选消费—零售业

分析师姓名	平均表现排名	平均跟踪股票数量	所属证券公司
穆方舟	1	1	国泰君安证券股份有限公司
姜　娅	2	1	中信证券股份有限公司
杨清朴	3	1	中信证券股份有限公司
张心怡	4	1	国泰君安证券股份有限公司
孙山山	5	1	华鑫证券有限责任公司
刘　鹏	6	1	长城证券股份有限公司
樊俊豪	7	9	中国国际金融股份有限公司
汪立亭	8	10	海通证券股份有限公司
范张翔	9	2	天风证券股份有限公司
张　潇	10	1	东吴证券股份有限公司
唐佳睿	11	20	光大证券股份有限公司
林寰宇	12	5	华泰证券股份有限公司
訾　猛	13	10	国泰君安证券股份有限公司
李宏科	14	9	海通证券股份有限公司
雷慧华	15	1	安信证券股份有限公司
马　莉	16	2	浙商证券股份有限公司
李　昂	17	6	中国银河证券股份有限公司
刘文正	18	8	民生证券股份有限公司
徐晓芳	19	8	中信证券股份有限公司
黄淑妍	20	1	长城证券股份有限公司

表 2-22 三年期分析师预测准确性评价—最佳表现(2019.05.01—2022.04.30)
行业：可选消费—零售业

分析师姓名	最佳表现排名	平均跟踪股票数量	所属证券公司
汪立亭	1	10	海通证券股份有限公司
李　昂	2	6	中国银河证券股份有限公司
唐佳睿	3	20	光大证券股份有限公司

(续表)

分析师姓名	最佳表现排名	平均跟踪股票数量	所属证券公司
刘文正	4	8	民生证券股份有限公司
李宏科	5	9	海通证券股份有限公司
姜 娅	6	1	中信证券股份有限公司
訾 猛	7	10	国泰君安证券股份有限公司
丁浙川	8	11	招商证券股份有限公司
杨清朴	9	1	中信证券股份有限公司
刘章明	10	12	天风证券股份有限公司
高 瑜	11	7	海通证券股份有限公司
洪 涛	12	10	广发证券股份有限公司
徐晓芳	13	8	中信证券股份有限公司
林寰宇	14	5	华泰证券股份有限公司
樊俊豪	15	9	中国国际金融股份有限公司
穆方舟	16	1	国泰君安证券股份有限公司
马 莉	17	2	浙商证券股份有限公司
谷 茜	18	5	山西证券股份有限公司
黄泽鹏	19	4	开源证券股份有限公司
刘 鹏	20	1	长城证券股份有限公司

在2019年5月1日至2022年4月30日这三年的期间内,持续跟踪可选消费—零售业行业并作出每股收益预测的分析师有44名。由表2-21、表2-22可以看出,从平均预测准确性角度来看,排在前五名的分析师分别是:国泰君安证券股份有限公司的穆方舟、中信证券股份有限公司的姜娅、中信证券股份有限公司的杨清朴、国泰君安证券股份有限公司的张心怡和华鑫证券有限责任公司的孙山山。从最佳预测准确性角度来看,排在前五名的分析师分别是:海通证券股份有限公司的汪立亭、中国银河证券股份有限公司的李昂、光大证券股份有限公司的唐佳睿、民生证券股份有限公司的刘文正和海通证券股份有限公司的李宏科。

表 2-23 三年期分析师预测准确性评价—平均表现(2019.05.01—2022.04.30)
行业：工业—交通运输

分析师姓名	平均表现排名	平均跟踪股票数量	所属证券公司
吴一凡	1	21	华创证券有限责任公司
岳 鑫	2	8	国泰君安证券股份有限公司
洪奕昕	3	10	华西证券股份有限公司
张晓云	4	22	兴业证券股份有限公司
黄 盈	5	6	国信证券股份有限公司
王春环	6	4	兴业证券股份有限公司
郑 武	7	18	国泰君安证券股份有限公司
曹奕丰	8	5	东兴证券股份有限公司
刘 阳	9	21	华创证券有限责任公司
苏宝亮	10	17	招商证券股份有限公司
肖 祎	11	8	兴业证券股份有限公司
杨 鑫	12	28	中国国际金融股份有限公司
姜 明	13	18	国信证券股份有限公司
扈世民	14	17	中信证券股份有限公司
沈晓峰	15	36	华泰证券股份有限公司
吉 理	16	7	兴业证券股份有限公司
许 可	17	12	国海证券股份有限公司
刘钢贤	18	6	中国国际金融股份有限公司
匡培钦	19	10	浙商证券股份有限公司
明 兴	20	7	安信证券股份有限公司

表 2-24 三年期分析师预测准确性评价—最佳表现(2019.05.01—2022.04.30)
行业：工业—交通运输

分析师姓名	最佳表现排名	平均跟踪股票数量	所属证券公司
吴一凡	1	21	华创证券有限责任公司
杨 鑫	2	28	中国国际金融股份有限公司
沈晓峰	3	36	华泰证券股份有限公司

(续表)

分析师姓名	最佳表现排名	平均跟踪股票数量	所属证券公司
姜 明	4	18	国信证券股份有限公司
瞿永忠	5	14	东北证券股份有限公司
刘 阳	6	21	华创证券有限责任公司
张晓云	7	22	兴业证券股份有限公司
岳 鑫	8	8	国泰君安证券股份有限公司
苏宝亮	9	17	招商证券股份有限公司
刘钢贤	10	6	中国国际金融股份有限公司
扈世民	11	17	中信证券股份有限公司
严家源	12	7	平安证券股份有限公司
袁 钉	13	11	华泰证券股份有限公司
肖 祎	14	8	兴业证券股份有限公司
罗江南	15	9	长城证券股份有限公司
郑 武	16	18	国泰君安证券股份有限公司
皇甫晓晗	17	6	中泰证券股份有限公司
洪奕昕	18	10	华西证券股份有限公司
曾凡喆	19	9	国信证券股份有限公司
匡培钦	20	10	浙商证券股份有限公司

在2019年5月1日至2022年4月30日这三年的期间内,持续跟踪工业—交通运输行业并作出每股收益预测的分析师有44名。由表2-23、表2-24可以看出,从平均预测准确性角度来看,排在前五名的分析师分别是：华创证券有限责任公司的吴一凡、国泰君安证券股份有限公司的岳鑫、华西证券股份有限公司的洪奕昕、兴业证券股份有限公司的张晓云和国信证券股份有限公司的黄盈。从最佳预测准确性角度来看,排在前五名的分析师分别是：华创证券有限责任公司的吴一凡、中国国际金融股份有限公司的杨鑫、华泰证券股份有限公司的沈晓峰、国信证券股份有限公司的姜明和东北证券股份有限公司的瞿永忠。

表 2-25 三年期分析师预测准确性评价—平均表现(2019.05.01—2022.04.30)

行业：工业—商业服务与用品

分析师姓名	平均表现排名	平均跟踪股票数量	所属证券公司
马 莉	1	3	浙商证券股份有限公司
郭 鹏	2	1	广发证券股份有限公司
王志杰	3	1	长城证券股份有限公司
杨 伟	4	1	华西证券股份有限公司
许光辉	5	2	西部证券股份有限公司
樊俊豪	6	4	中国国际金融股份有限公司
史凡可	7	2	浙商证券股份有限公司
唐 凯	8	3	东北证券股份有限公司
石 康	9	2	兴业证券股份有限公司
王玮嘉	10	4	华泰证券股份有限公司
李 哲	11	2	民生证券股份有限公司
陈腾曦	12	1	浙商证券股份有限公司
黄 琨	13	1	国泰君安证券股份有限公司
朱 珺	14	1	华泰证券股份有限公司
李阳东	15	1	国泰君安证券股份有限公司
王华君	16	2	浙商证券股份有限公司
徐林锋	17	4	华西证券股份有限公司
蔡 欣	18	3	西南证券股份有限公司
赵中平	19	3	招商证券股份有限公司
杨晶晶	20	2	山西证券股份有限公司

表 2-26 三年期分析师预测准确性评价—最佳表现(2019.05.01—2022.04.30)

行业：工业—商业服务与用品

分析师姓名	最佳表现排名	平均跟踪股票数量	所属证券公司
徐林锋	1	4	华西证券股份有限公司
王玮嘉	2	4	华泰证券股份有限公司
樊俊豪	3	4	中国国际金融股份有限公司

（续表）

分析师姓名	最佳表现排名	平均跟踪股票数量	所属证券公司
穆方舟	4	4	国泰君安证券股份有限公司
许光辉	5	2	西部证券股份有限公司
马　莉	6	3	浙商证券股份有限公司
陈　梦	7	4	首创证券有限责任公司
赵中平	8	3	招商证券股份有限公司
郭庆龙	9	4	海通证券股份有限公司
吴　双	10	4	国信证券股份有限公司
王华君	11	2	浙商证券股份有限公司
李　想	12	2	中信证券股份有限公司
李　哲	13	2	民生证券股份有限公司
蔡　欣	14	3	西南证券股份有限公司
唐　凯	15	3	东北证券股份有限公司
李　鑫	16	2	中信证券股份有限公司
史凡可	17	2	浙商证券股份有限公司
杨晶晶	18	2	山西证券股份有限公司
郭　鹏	19	1	广发证券股份有限公司
杨　伟	20	1	华西证券股份有限公司

在2019年5月1日至2022年4月30日这三年的期间内,持续跟踪工业—商业服务与用品行业并作出每股收益预测的分析师有79名。由表2-25、表2-26可以看出,从平均预测准确性角度来看,排在前五名的分析师分别是：浙商证券股份有限公司的马莉、广发证券股份有限公司的郭鹏、长城证券股份有限公司的王志杰、华西证券股份有限公司的杨伟和西部证券股份有限公司的许光辉。从最佳预测准确性角度来看,排在前五名的分析师分别是：华西证券股份有限公司的徐林锋、华泰证券股份有限公司的王玮嘉、中国国际金融股份有限公司的樊俊豪、国泰君安证券股份有限公司的穆方舟和西部证券股份有限公司的许光辉。

表 2-27 三年期分析师预测准确性评价—平均表现(2019.05.01—2022.04.30)
行业：工业—工业集团企业、建筑装饰

分析师姓名	平均表现排名	平均跟踪股票数量	所属证券公司
杨 侃	1	1	平安证券股份有限公司
盛昌盛	2	3	国海证券股份有限公司
徐林锋	3	1	华西证券股份有限公司
黄 涛	4	2	国泰君安证券股份有限公司
夏 天	5	14	国盛证券有限责任公司
韩 宇	6	2	东兴证券股份有限公司
赵军胜	7	3	东兴证券股份有限公司
何亚轩	8	14	国盛证券有限责任公司
樊俊豪	9	3	中国国际金融股份有限公司
王志杰	10	2	长城证券股份有限公司
鲍荣富	11	27	天风证券股份有限公司
陈羽锋	12	2	华泰证券股份有限公司
鲍雁辛	13	6	国泰君安证券股份有限公司
廖文强	14	14	国盛证券有限责任公司
王介超	15	3	太平洋证券股份有限公司
戚志圣	16	1	华西证券股份有限公司
闫 广	17	2	德邦证券股份有限公司
花健祎	18	2	国泰君安证券股份有限公司
方晏荷	19	23	华泰证券股份有限公司
黄诗涛	20	7	国盛证券有限责任公司

表 2-28 三年期分析师预测准确性评价—最佳表现(2019.05.01—2022.04.30)
行业：工业—工业集团企业、建筑装饰

分析师姓名	最佳表现排名	平均跟踪股票数量	所属证券公司
鲍荣富	1	27	天风证券股份有限公司
韩其成	2	27	国泰君安证券股份有限公司
孟 杰	3	21	兴业证券股份有限公司

(续表)

分析师姓名	最佳表现排名	平均跟踪股票数量	所属证券公司
夏 天	4	14	国盛证券有限责任公司
罗 鼎	5	8	中信证券股份有限公司
方晏荷	6	23	华泰证券股份有限公司
孙伟风	7	15	光大证券股份有限公司
何亚轩	8	14	国盛证券有限责任公司
詹奥博	9	13	中国国际金融股份有限公司
唐 笑	10	18	招商证券股份有限公司
王 涛	11	24	天风证券股份有限公司
黄 杨	12	7	兴业证券股份有限公司
盛昌盛	13	3	国海证券股份有限公司
廖文强	14	14	国盛证券有限责任公司
王小勇	15	18	东北证券股份有限公司
黄诗涛	16	7	国盛证券有限责任公司
龙天光	17	17	中国银河证券股份有限公司
杨 侃	18	1	平安证券股份有限公司
闫 广	19	2	德邦证券股份有限公司
苏多永	20	7	安信证券股份有限公司

在2019年5月1日至2022年4月30日这三年的期间内,持续跟踪工业—工业集团企业、建筑装饰行业并作出每股收益预测的分析师68名。由表2-27、表2-28可以看出,从平均预测准确性角度来看,排在前五名的分析师分别是:平安证券股份有限公司的杨侃、国海证券股份有限公司的盛昌盛、华西证券股份有限公司的徐林锋、国泰君安证券股份有限公司的黄涛和国盛证券有限责任公司的夏天。从最佳预测准确性角度来看,排在前五名的分析师分别是:天风证券股份有限公司的鲍荣富、国泰君安证券股份有限公司的韩其成、兴业证券股份有限公司的孟杰、国盛证券有限责任公司的夏天和中信证券股份有限公司的罗鼎。

表 2-29　三年期分析师预测准确性评价—平均表现(2019.05.01—2022.04.30)
行业：工业—机械制造

分析师姓名	平均表现排名	平均跟踪股票数量	所属证券公司
邹兰兰	1	2	长城证券股份有限公司
舒迪	2	2	长城证券股份有限公司
侯宾	3	2	东吴证券股份有限公司
郭鹏	4	2	广发证券股份有限公司
殷中枢	5	3	光大证券股份有限公司
李奕臻	6	1	安信证券股份有限公司
赵玥炜	7	3	海通证券股份有限公司
王华君	8	26	浙商证券股份有限公司
丁健	9	3	中国国际金融股份有限公司
张婉姝	10	1	方正证券股份有限公司
黄琨	11	26	国泰君安证券股份有限公司
朱玥	12	1	兴业证券股份有限公司
王天一	13	2	东方证券股份有限公司
王喆	14	1	中信证券股份有限公司
郑连声	15	4	渤海证券股份有限公司
何晨	16	3	财信证券有限责任公司
周尔双	17	19	东吴证券股份有限公司
鲁佩	18	14	中国银河证券股份有限公司
邱世梁	19	10	浙商证券股份有限公司
冯胜	20	20	中泰证券股份有限公司

表 2-30　三年期分析师预测准确性评价—最佳表现(2019.05.01—2022.04.30)
行业：工业—机械制造

分析师姓名	最佳表现排名	平均跟踪股票数量	所属证券公司
冯胜	1	20	中泰证券股份有限公司
李哲	2	24	民生证券股份有限公司
刘国清	3	32	太平洋证券股份有限公司

(续表)

分析师姓名	最佳表现排名	平均跟踪股票数量	所属证券公司
王 锐	4	16	光大证券股份有限公司
黄 琨	5	26	国泰君安证券股份有限公司
鲁 佩	6	14	中国银河证券股份有限公司
郑连声	7	4	渤海证券股份有限公司
刘 荣	8	30	招商证券股份有限公司
孔令鑫	9	23	中国国际金融股份有限公司
王华君	10	26	浙商证券股份有限公司
周尔双	11	19	东吴证券股份有限公司
邹润芳	12	25	中航证券有限公司
刘海博	13	15	中信证券股份有限公司
王志杰	14	19	长城证券股份有限公司
陈显帆	15	15	中国国际金融股份有限公司
石 康	16	24	兴业证券股份有限公司
李阳东	17	14	国泰君安证券股份有限公司
邹兰兰	18	2	长城证券股份有限公司
罗 政	19	15	信达证券股份有限公司
代 川	20	30	广发证券股份有限公司

在2019年5月1日至2022年4月30日这三年的期间内,持续跟踪工业—机械制造行业并作出每股收益预测的分析师有133名。由表2-29、表2-30可以看出,从平均预测准确性角度来看,排在前五名的分析师分别是:长城证券股份有限公司的邹兰兰、长城证券股份有限公司的舒迪、东吴证券股份有限公司的侯宾、广发证券股份有限公司的郭鹏和光大证券股份有限公司的殷中枢。从最佳预测准确性角度来看,排在前五名的分析师分别是:中泰证券股份有限公司的冯胜、民生证券股份有限公司的李哲、太平洋证券股份有限公司的刘国清、光大证券股份有限公司的王锐和国泰君安证券股份有限公司的黄琨。

表 2-31　三年期分析师预测准确性评价—平均表现(2019.05.01—2022.04.30)

行业：工业—环保

分析师姓名	平均表现排名	平均跟踪股票数量	所属证券公司
颜阳春	1	1	西南证券股份有限公司
李　想	2	3	中信证券股份有限公司
刘　俊	3	7	中国国际金融股份有限公司
陶贻功	4	3	中国银河证券股份有限公司
王玮嘉	5	15	华泰证券股份有限公司
徐　强	6	14	国泰君安证券股份有限公司
邵琳琳	7	9	安信证券股份有限公司
蒋昕昊	8	6	中国国际金融股份有限公司
王颖婷	9	2	西南证券股份有限公司
郭丽丽	10	9	天风证券股份有限公司
郭　鹏	11	16	广发证券股份有限公司
梁　晨	12	3	国开证券有限公司
杨任重	13	4	德邦证券股份有限公司
熊雪珍	14	5	上海证券有限责任公司
殷中枢	15	11	光大证券股份有限公司
朱纯阳	16	9	招商证券股份有限公司
许　洁	17	12	广发证券股份有限公司
杨心成	18	10	国盛证券有限责任公司
卢日鑫	19	4	东方证券股份有限公司
蔡　屹	20	7	兴业证券股份有限公司

表 2-32　三年期分析师预测准确性评价—最佳表现(2019.05.01—2022.04.30)

行业：工业—环保

分析师姓名	最佳表现排名	平均跟踪股票数量	所属证券公司
邵琳琳	1	9	安信证券股份有限公司
郭　鹏	2	16	广发证券股份有限公司
徐　强	3	14	国泰君安证券股份有限公司

(续表)

分析师姓名	最佳表现排名	平均跟踪股票数量	所属证券公司
王玮嘉	4	15	华泰证券股份有限公司
杨心成	5	10	国盛证券有限责任公司
许洁	6	12	广发证券股份有限公司
卢日鑫	7	4	东方证券股份有限公司
邵潇	8	14	国泰君安证券股份有限公司
殷中枢	9	11	光大证券股份有限公司
蔡屹	10	7	兴业证券股份有限公司
李想	11	3	中信证券股份有限公司
袁理	12	8	东吴证券股份有限公司
刘俊	13	7	中国国际金融股份有限公司
郭丽丽	14	9	天风证券股份有限公司
杨任重	15	4	德邦证券股份有限公司
庞天一	16	5	华创证券有限责任公司
晏溶	17	8	华西证券股份有限公司
熊雪珍	18	5	上海证券有限责任公司
蒋昕昊	19	6	中国国际金融股份有限公司
梁晨	20	3	国开证券股份有限公司

在2019年5月1日至2022年4月30日这三年的期间内,持续跟踪工业—环保行业并作出每股收益预测的分析师有34名。由表2-31、表2-32可以看出,从平均预测准确性角度来看,排在前五名的分析师分别是:西南证券股份有限公司的颜阳春、中信证券股份有限公司的李想、中国国际金融股份有限公司的刘俊、中国银河证券股份有限公司的陶贻功和华泰证券股份有限公司的王玮嘉。从最佳预测准确性角度来看,排在前五名的分析师分别是:安信证券股份有限公司的邵琳琳、广发证券股份有限公司的郭鹏、国泰君安证券股份有限公司的徐强、华泰证券股份有限公司的王玮嘉和国盛证券有限责任公司的杨心成。

表 2-33　三年期分析师预测准确性评价—平均表现(2019.05.01—2022.04.30)
行业：工业—电力设备

分析师姓名	平均表现排名	平均跟踪股票数量	所属证券公司
张　超	1	1	中航证券有限公司
刘　荣	2	2	招商证券股份有限公司
李　锋	3	2	浙商证券股份有限公司
刘文平	4	3	招商证券股份有限公司
王　芳	5	1	民生证券股份有限公司
杨绍辉	6	2	中银国际证券股份有限公司
马　捷	7	2	太平洋证券股份有限公司
周尔双	8	4	东吴证券股份有限公司
曾朵红	9	32	东吴证券股份有限公司
王华君	10	8	浙商证券股份有限公司
李　斌	11	2	华泰证券股份有限公司
阮巧燕	12	10	东吴证券股份有限公司
王志杰	13	1	长城证券股份有限公司
刘珺涵	14	9	招商证券股份有限公司
陈　瑶	15	12	东吴证券股份有限公司
周　铮	16	2	招商证券股份有限公司
徐　涛	17	3	中信证券股份有限公司
姚　遥	18	17	国金证券股份有限公司
石　康	19	4	兴业证券股份有限公司
李可伦	20	21	中银国际证券股份有限公司

表 2-34　三年期分析师预测准确性评价—最佳表现(2019.05.01—2022.04.30)
行业：工业—电力设备

分析师姓名	最佳表现排名	平均跟踪股票数量	所属证券公司
姚　遥	1	17	国金证券股份有限公司
陈子坤	2	20	广发证券股份有限公司
曾朵红	3	32	东吴证券股份有限公司

(续表)

分析师姓名	最佳表现排名	平均跟踪股票数量	所属证券公司
游家训	4	27	招商证券股份有限公司
皮 秀	5	20	平安证券股份有限公司
王 磊	6	25	国盛证券有限责任公司
邓永康	7	42	民生证券股份有限公司
朱 栋	8	19	平安证券股份有限公司
沈 成	9	25	中银国际证券股份有限公司
笪佳敏	10	18	东北证券股份有限公司
刘珺涵	11	9	招商证券股份有限公司
李可伦	12	21	中银国际证券股份有限公司
黄 斌	13	15	华泰证券股份有限公司
苏 晨	14	28	中泰证券股份有限公司
王 霖	15	17	平安证券股份有限公司
华鹏伟	16	14	中信证券股份有限公司
申建国	17	10	华泰证券股份有限公司
于 潇	18	25	民生证券股份有限公司
邓 伟	19	14	浙商证券股份有限公司
纪成炜	20	16	广发证券股份有限公司

在2019年5月1日至2022年4月30日这三年的期间内,持续跟踪工业—电力设备行业并作出每股收益预测的分析师有147名。由表2-33、表2-34可以看出,从平均预测准确性角度来看,排在前五名的分析师分别是:中航证券有限公司的张超、招商证券股份有限公司的刘荣、浙商证券股份有限公司的李锋、招商证券股份有限公司的刘文平和民生证券股份有限公司的王芳。从最佳预测准确性角度来看,排在前五名的分析师分别是:国金证券股份有限公司的姚遥、广发证券股份有限公司的陈子坤、东吴证券股份有限公司的曾朵红、招商证券股份有限公司的游家训和平安证券股份有限公司的皮秀。

表 2-35　三年期分析师预测准确性评价—平均表现(2019.05.01—2022.04.30)
行业：工业—航空航天与国防

分析师姓名	平均表现排名	平均跟踪股票数量	所属证券公司
鄢　凡	1	1	招商证券股份有限公司
刘　凯	2	1	光大证券股份有限公司
王天一	3	9	东方证券股份有限公司
罗　楠	4	9	东方证券股份有限公司
邹润芳	5	9	中航证券有限公司
彭　磊	6	10	国泰君安证券股份有限公司
苏立赞	7	12	东吴证券股份有限公司
石　康	8	21	兴业证券股份有限公司
李鲁靖	9	15	天风证券股份有限公司
王　超	10	16	招商证券股份有限公司
孟祥杰	11	10	广发证券股份有限公司
滕光耀	12	8	国泰君安证券股份有限公司
张恒晅	13	12	海通证券股份有限公司
马　捷	14	5	太平洋证券股份有限公司
张　超	15	17	中航证券有限公司
尹会伟	16	10	民生证券股份有限公司
鲍学博	17	3	方正证券股份有限公司
余　平	18	5	国盛证券有限责任公司
李　良	19	11	中国银河证券股份有限公司
董俊业	20	2	国泰君安证券股份有限公司

表 2-36　三年期分析师预测准确性评价—最佳表现(2019.05.01—2022.04.30)
行业：工业—航空航天与国防

分析师姓名	最佳表现排名	平均跟踪股票数量	所属证券公司
石　康	1	21	兴业证券股份有限公司
王　超	2	16	招商证券股份有限公司
李　良	3	11	中国银河证券股份有限公司

(续表)

分析师姓名	最佳表现排名	平均跟踪股票数量	所属证券公司
彭　磊	4	10	国泰君安证券股份有限公司
苏立赞	5	12	东吴证券股份有限公司
岑晓翔	6	16	招商证券股份有限公司
王天一	7	9	东方证券股份有限公司
张　超	8	17	中航证券有限公司
陆　洲	9	11	华西证券股份有限公司
张恒晅	10	12	海通证券股份有限公司
李鲁靖	11	15	天风证券股份有限公司
尹会伟	12	10	民生证券股份有限公司
李博彦	13	19	兴业证券股份有限公司
孟祥杰	14	10	广发证券股份有限公司
邹润芳	15	9	中航证券有限公司
罗　楠	16	9	东方证券股份有限公司
滕光耀	17	8	国泰君安证券股份有限公司
陈鼎如	18	10	中泰证券股份有限公司
鄢　凡	19	1	招商证券股份有限公司
王宏涛	20	5	中航证券有限公司

在2019年5月1日至2022年4月30日这三年的期间内，持续跟踪工业—航空航天与国防行业并作出每股收益预测的分析师有38名。由表2-35、表2-36可以看出，从平均预测准确性角度来看，排在前五名的分析师分别是：招商证券股份有限公司的鄢凡、光大证券股份有限公司的刘凯、东方证券股份有限公司的王天一、东方证券股份有限公司的罗楠和中航证券有限公司的邹润芳。从最佳预测准确性角度来看，排在前五名的分析师分别是：兴业证券股份有限公司的石康、招商证券股份有限公司的王超、中国银河证券股份有限公司的李良、国泰君安证券股份有限公司的彭磊和东吴证券股份有限公司的苏立赞。

表 2-37　三年期分析师预测准确性评价—平均表现(2019.05.01—2022.04.30)
行业：通信服务—通信服务(含电信服务、通信设备及技术服务)

分析师姓名	平均表现排名	平均跟踪股票数量	所属证券公司
邹润芳	1	1	中航证券有限公司
吴 彤	2	4	长城证券股份有限公司
彭 雾	3	1	广发证券股份有限公司
黄乐平	4	10	华泰证券股份有限公司
余 俊	5	12	招商证券股份有限公司
唐海清	6	24	天风证券股份有限公司
曹旭特	7	1	申港证券股份有限公司
刘 凯	8	11	光大证券股份有限公司
陈宁玉	9	11	中泰证券股份有限公司
黄 瀚	10	8	国盛证券有限责任公司
孙树明	11	12	国联证券股份有限公司
王奕红	12	15	天风证券股份有限公司
宋嘉吉	13	11	国盛证券有限责任公司
何 晨	14	2	财信证券有限责任公司
钱 凯	15	1	中国国际金融股份有限公司
石崎良	16	10	光大证券股份有限公司
邢开允	17	1	西部证券股份有限公司
宋 辉	18	15	华西证券股份有限公司
余芳沁	19	7	天风证券股份有限公司
闫慧辰	20	12	华泰证券股份有限公司

表 2-38　三年期分析师预测准确性评价—最佳表现(2019.05.01—2022.04.30)
行业：通信服务—通信服务(含电信服务、通信设备及技术服务)

分析师姓名	最佳表现排名	平均跟踪股票数量	所属证券公司
宋 辉	1	15	华西证券股份有限公司
孙树明	2	12	国联证券股份有限公司
余 俊	3	12	招商证券股份有限公司

(续表)

分析师姓名	最佳表现排名	平均跟踪股票数量	所属证券公司
刘 凯	4	11	光大证券股份有限公司
唐海清	5	24	天风证券股份有限公司
陈宁玉	6	11	中泰证券股份有限公司
易景明	7	10	中泰证券股份有限公司
石崎良	8	10	光大证券股份有限公司
朱劲松	9	16	海通证券股份有限公司
王 林	10	8	华泰证券股份有限公司
宋嘉吉	11	11	国盛证券有限责任公司
黄乐平	12	10	华泰证券股份有限公司
闫慧辰	13	12	华泰证券股份有限公司
马天诣	14	14	民生证券股份有限公司
赵良毕	15	12	开源证券股份有限公司
张峥青	16	6	海通证券股份有限公司
李宏涛	17	10	太平洋证券股份有限公司
黄 瀚	18	8	国盛证券有限责任公司
余伟民	19	10	海通证券股份有限公司
付 东	20	7	华泰证券股份有限公司

在2019年5月1日至2022年4月30日这三年的期间内,持续跟踪通信服务—通信服务(含电信服务、通信设备及技术服务)行业并作出每股收益预测的分析师有61名。由表2-37、表2-38可以看出,从平均预测准确性角度来看,排在前五名的分析师分别是:中航证券有限公司的邹润芳、长城证券股份有限公司的吴彤、广发证券股份有限公司的彭雯、华泰证券股份有限公司的黄乐平和招商证券股份有限公司的余俊。从最佳预测准确性角度来看,排在前五名的分析师分别是:华西证券股份有限公司的宋辉、国联证券股份有限公司的孙树明、招商证券股份有限公司的余俊、光大证券股份有限公司的刘凯和天风证券股份有限公司的唐海清。

表 2-39　三年期分析师预测准确性评价—平均表现(2019.05.01—2022.04.30)
行业：通信服务—传媒

分析师姓名	平均表现排名	平均跟踪股票数量	所属证券公司
刘章明	1	1	天风证券股份有限公司
李 慧	2	1	东北证券股份有限公司
旷 实	3	18	广发证券股份有限公司
文 浩	4	14	天风证券股份有限公司
李雨琪	5	3	东方证券股份有限公司
洪 涛	6	1	广发证券股份有限公司
张 爽	7	6	天风证券股份有限公司
徐呈隽	8	7	广发证券股份有限公司
王冠然	9	4	中信证券股份有限公司
周良玖	10	5	东吴证券股份有限公司
叶敏婷	11	5	广发证券股份有限公司
顾 佳	12	9	招商证券股份有限公司
李森蔓	13	1	东北证券股份有限公司
顾 晟	14	9	国盛证券有限责任公司
罗晓婷	15	1	国金证券股份有限公司
高博文	16	6	东方财富证券股份有限公司
朱 珺	17	12	华泰证券股份有限公司
刘 言	18	17	西南证券股份有限公司
张雪晴	19	17	中国国际金融股份有限公司
李艳丽	20	5	西部证券股份有限公司

表 2-40　三年期分析师预测准确性评价—最佳表现(2019.05.01—2022.04.30)
行业：通信服务—传媒

分析师姓名	最佳表现排名	平均跟踪股票数量	所属证券公司
张 衡	1	12	国信证券股份有限公司
张雪晴	2	17	中国国际金融股份有限公司
朱 珺	3	12	华泰证券股份有限公司

(续表)

分析师姓名	最佳表现排名	平均跟踪股票数量	所属证券公司
旷 实	4	18	广发证券股份有限公司
李艳丽	5	5	西部证券股份有限公司
王冠然	6	4	中信证券股份有限公司
顾 佳	7	9	招商证券股份有限公司
高博文	8	6	东方财富证券股份有限公司
刘 言	9	17	西南证券股份有限公司
朱 珠	10	8	华鑫证券有限责任公司
郝艳辉	11	12	海通证券股份有限公司
文 浩	12	14	天风证券股份有限公司
陈 筱	13	16	国泰君安证券股份有限公司
毛云聪	14	19	海通证券股份有限公司
徐呈隽	15	7	广发证券股份有限公司
张 爽	16	6	天风证券股份有限公司
张良卫	17	10	东吴证券股份有限公司
顾 晟	18	9	国盛证券有限责任公司
叶敏婷	19	5	广发证券股份有限公司
杨晓彤	20	7	中国银河证券股份有限公司

在2019年5月1日至2022年4月30日这三年的期间内,持续跟踪通信服务—传媒行业并作出每股收益预测的分析师有56名。由表2-39、表2-40可以看出,从平均预测准确性角度来看,排在前五名的分析师分别是:天风证券股份有限公司的刘章明、东北证券股份有限公司的李慧、广发证券股份有限公司的旷实、天风证券股份有限公司的文浩和东方证券股份有限公司的李雨琪。从最佳预测准确性角度来看,排在前五名的分析师分别是:国信证券股份有限公司的张衡、中国国际金融股份有限公司的张雪晴、华泰证券股份有限公司的朱珺、广发证券股份有限公司的旷实和西部证券股份有限公司的李艳丽。

表 2-41 三年期分析师预测准确性评价—平均表现(2019.05.01—2022.04.30)
行业：能源—能源

分析师姓名	平均表现排名	平均跟踪股票数量	所属证券公司
黄 琨	1	1	国泰君安证券股份有限公司
代 川	2	1	广发证券股份有限公司
石 康	3	1	兴业证券股份有限公司
刘 荣	4	1	招商证券股份有限公司
王华君	5	2	浙商证券股份有限公司
吴 杰	6	9	海通证券股份有限公司
范益民	7	2	华鑫证券有限责任公司
戴元灿	8	9	海通证券股份有限公司
刘子栋	9	4	国信证券股份有限公司
邓 勇	10	9	海通证券股份有限公司
周 泰	11	18	民生证券股份有限公司
裘孝锋	12	10	中国国际金融股份有限公司
王西典	13	5	招商证券股份有限公司
洪奕昕	14	6	华西证券股份有限公司
赵乃迪	15	11	光大证券股份有限公司
左前明	16	6	信达证券股份有限公司
安 鹏	17	11	广发证券股份有限公司
翟 堃	18	17	国泰君安证券股份有限公司
刘国清	19	1	太平洋证券股份有限公司
王钟杨	20	6	中国国际金融股份有限公司

表 2-42 三年期分析师预测准确性评价—最佳表现(2019.05.01—2022.04.30)
行业：能源—能源

分析师姓名	最佳表现排名	平均跟踪股票数量	所属证券公司
周 泰	1	18	民生证券股份有限公司
祖国鹏	2	17	中信证券股份有限公司
吴 杰	3	9	海通证券股份有限公司

（续表）

分析师姓名	最佳表现排名	平均跟踪股票数量	所属证券公司
翟堃	4	17	国泰君安证券股份有限公司
陈晨	5	14	中泰证券股份有限公司
戴元灿	6	9	海通证券股份有限公司
安鹏	7	11	广发证券股份有限公司
邓勇	8	9	海通证券股份有限公司
张樨樨	9	6	天风证券股份有限公司
赵乃迪	10	11	光大证券股份有限公司
黄琨	11	1	国泰君安证券股份有限公司
孙羲昱	12	4	国泰君安证券股份有限公司
杨侃	13	3	民生证券股份有限公司
裘孝锋	14	10	中国国际金融股份有限公司
李淼	15	10	海通证券股份有限公司
宋炜	16	11	广发证券股份有限公司
洪奕昕	17	6	华西证券股份有限公司
沈涛	18	10	广发证券股份有限公司
吴裕	19	7	光大证券股份有限公司
白竣天	20	5	华西证券股份有限公司

在2019年5月1日至2022年4月30日这三年的期间内,持续跟踪能源—能源行业并作出每股收益预测的分析师有47名。由表2-41、表2-42可以看出,从平均预测准确性角度来看,排在前五名的分析师分别是：国泰君安证券股份有限公司的黄琨、广发证券股份有限公司的代川、兴业证券股份有限公司的石康、招商证券股份有限公司的刘荣和浙商证券股份有限公司的王华君。从最佳预测准确性角度来看,排在前五名的分析师分别是：民生证券股份有限公司的周泰、中信证券股份有限公司的祖国鹏、海通证券股份有限公司的吴杰、国泰君安证券股份有限公司的翟堃和中泰证券股份有限公司的陈晨。

表 2-43　三年期分析师预测准确性评价—平均表现(2019.05.01—2022.04.30)
行业：金融—银行

分析师姓名	平均表现排名	平均跟踪股票数量	所属证券公司
梁凤洁	1	16	浙商证券股份有限公司
邱冠华	2	19	浙商证券股份有限公司
倪　军	3	23	广发证券股份有限公司
孙　婷	4	18	海通证券股份有限公司
马祥云	5	5	东吴证券股份有限公司
朱于畋	6	15	天风证券股份有限公司
屈　俊	7	23	广发证券股份有限公司
林加力	8	18	海通证券股份有限公司
刘志平	9	9	华西证券股份有限公司
万思华	10	17	广发证券股份有限公司
戴志锋	11	28	中泰证券股份有限公司
王瑶平	12	15	中国国际金融股份有限公司
解巍巍	13	18	海通证券股份有限公司
陈绍兴	14	14	兴业证券股份有限公司
张帅帅	15	17	中国国际金融股份有限公司
傅慧芳	16	13	兴业证券股份有限公司
崔晓雁	17	2	华金证券股份有限公司
严佳卉	18	17	中国国际金融股份有限公司
邓美君	19	28	中泰证券股份有限公司
廖志明	20	25	招商证券股份有限公司

表 2-44　三年期分析师预测准确性评价—最佳表现(2019.05.01—2022.04.30)
行业：金融—银行

分析师姓名	最佳表现排名	平均跟踪股票数量	所属证券公司
邱冠华	1	19	浙商证券股份有限公司
倪　军	2	23	广发证券股份有限公司
梁凤洁	3	16	浙商证券股份有限公司

(续表)

分析师姓名	最佳表现排名	平均跟踪股票数量	所属证券公司
戴志锋	4	28	中泰证券股份有限公司
屈 俊	5	23	广发证券股份有限公司
孙 婷	6	18	海通证券股份有限公司
廖志明	7	25	招商证券股份有限公司
万思华	8	17	广发证券股份有限公司
王 剑	9	20	国信证券股份有限公司
王瑶平	10	15	中国国际金融股份有限公司
陈绍兴	11	14	兴业证券股份有限公司
傅慧芳	12	13	兴业证券股份有限公司
袁梓芳	13	13	中国国际金融股份有限公司
刘志平	14	9	华西证券股份有限公司
邓美君	15	28	中泰证券股份有限公司
沈 娟	16	19	华泰证券股份有限公司
肖斐斐	17	18	中信证券股份有限公司
陈俊良	18	19	国信证券股份有限公司
郭 懿	19	11	万联证券股份有限公司
张帅帅	20	17	中国国际金融股份有限公司

在2019年5月1日至2022年4月30日这三年的期间内,持续跟踪金融—银行行业并作出每股收益预测的分析师有40名。由表2-43、表2-44可以看出,从平均预测准确性角度来看,排在前五名的分析师分别是:浙商证券股份有限公司的梁凤洁、浙商证券股份有限公司的邱冠华、广发证券股份有限公司的倪军、海通证券股份有限公司的孙婷和东吴证券股份有限公司的马祥云。从最佳预测准确性角度来看,排在前五名的分析师分别是:浙商证券股份有限公司的邱冠华、广发证券股份有限公司的倪军、浙商证券股份有限公司的梁凤洁、中泰证券股份有限公司的戴志锋和广发证券股份有限公司的屈俊。

表 2-45　三年期分析师预测准确性评价—平均表现(2019.05.01—2022.04.30)
行业：金融—非银金融(含保险、资本市场、其他金融)

分析师姓名	平均表现排名	平均跟踪股票数量	所属证券公司
文浩	1	1	天风证券股份有限公司
张爽	2	1	天风证券股份有限公司
旷实	3	1	广发证券股份有限公司
胡翔	4	8	东吴证券股份有限公司
郑积沙	5	8	招商证券股份有限公司
刘高畅	6	1	国盛证券有限责任公司
杨然	7	1	国盛证券有限责任公司
庄严	8	3	中信建投证券股份有限公司
刘欣琦	9	14	国泰君安证券股份有限公司
孙婷	10	22	海通证券股份有限公司
刘雨辰	11	8	招商证券股份有限公司
武平平	12	4	中国银河证券股份有限公司
陈卉	13	4	广发证券股份有限公司
沈娟	14	14	华泰证券股份有限公司
夏昌盛	15	10	天风证券股份有限公司
王剑	16	13	国信证券股份有限公司
王一峰	17	9	光大证券股份有限公司
戴志锋	18	4	中泰证券股份有限公司
谢春生	19	1	华泰证券股份有限公司
王磊	20	1	渤海证券股份有限公司

表 2-46　三年期分析师预测准确性评价—最佳表现(2019.05.01—2022.04.30)
行业：金融—非银金融(含保险、资本市场、其他金融)

分析师姓名	最佳表现排名	平均跟踪股票数量	所属证券公司
武平平	1	4	中国银河证券股份有限公司
沈娟	2	14	华泰证券股份有限公司
郑积沙	3	8	招商证券股份有限公司

(续表)

分析师姓名	最佳表现排名	平均跟踪股票数量	所属证券公司
孙 婷	4	22	海通证券股份有限公司
陈 福	5	12	广发证券股份有限公司
唐子佩	6	7	东方证券股份有限公司
刘雨辰	7	8	招商证券股份有限公司
刘 丽	8	9	山西证券股份有限公司
夏昌盛	9	10	天风证券股份有限公司
王 剑	10	13	国信证券股份有限公司
胡 翔	11	8	东吴证券股份有限公司
刘文强	12	9	长城证券股份有限公司
张经纬	13	13	安信证券股份有限公司
刘欣琦	14	14	国泰君安证券股份有限公司
陈 卉	15	4	广发证券股份有限公司
许盈盈	16	7	兴业证券股份有限公司
王一峰	17	9	光大证券股份有限公司
高 超	18	11	开源证券股份有限公司
刘 淇	19	6	广发证券股份有限公司
王维逸	20	9	平安证券股份有限公司

在2019年5月1日至2022年4月30日这三年的期间内,持续跟踪金融—非银金融(含保险、资本市场、其他金融)行业并作出每股收益预测的分析师有59名。由表2-45、表2-46可以看出,从平均预测准确性角度来看,排在前五名的分析师分别是:天风证券股份有限公司的文浩、天风证券股份有限公司的张爽、广发证券股份有限公司的旷实、东吴证券股份有限公司的胡翔和招商证券股份有限公司的郑积沙。从最佳预测准确性角度来看,排在前五名的分析师分别是:中国银河证券股份有限公司的武平平、华泰证券股份有限公司的沈娟、招商证券股份有限公司的郑积沙、海通证券股份有限公司的孙婷和广发证券股份有限公司的陈福。

表 2-47　三年期分析师预测准确性评价—平均表现(2019.05.01—2022.04.30)
行业：房地产—房地产

分析师姓名	平均表现排名	平均跟踪股票数量	所属证券公司
夏亦丰	1	3	中银国际证券股份有限公司
刘文正	2	2	民生证券股份有限公司
沈嘉婕	3	2	群益证券(香港)有限公司
何缅南	4	7	光大证券股份有限公司
阎常铭	5	11	兴业证券股份有限公司
刘章明	6	2	天风证券股份有限公司
陈 慎	7	19	华泰证券股份有限公司
郭 镇	8	14	广发证券股份有限公司
乐加栋	9	14	广发证券股份有限公司
赵 可	10	8	招商证券股份有限公司
谢皓宇	11	10	国泰君安证券股份有限公司
张 宇	12	16	中国国际金融股份有限公司
涂力磊	13	28	海通证券股份有限公司
陈 聪	14	12	中信证券股份有限公司
刘 璐	15	18	华泰证券股份有限公司
韩 笑	16	18	天风证券股份有限公司
单 戈	17	6	国泰君安证券股份有限公司
徐鸥鹭	18	10	兴业证券股份有限公司
齐 东	19	9	开源证券股份有限公司
张全国	20	12	中信证券股份有限公司

表 2-48　三年期分析师预测准确性评价—最佳表现(2019.05.01—2022.04.30)
行业：房地产—房地产

分析师姓名	最佳表现排名	平均跟踪股票数量	所属证券公司
何缅南	1	7	光大证券股份有限公司
涂力磊	2	28	海通证券股份有限公司
谢皓宇	3	10	国泰君安证券股份有限公司

(续表)

分析师姓名	最佳表现排名	平均跟踪股票数量	所属证券公司
郭 镇	4	14	广发证券股份有限公司
乐加栋	5	14	广发证券股份有限公司
陈 慎	6	19	华泰证券股份有限公司
阎常铭	7	11	兴业证券股份有限公司
陈 聪	8	12	中信证券股份有限公司
任 鹤	9	8	国信证券股份有限公司
刘 璐	10	18	华泰证券股份有限公司
由子沛	11	14	华西证券股份有限公司
韩 笑	12	18	天风证券股份有限公司
白淑媛	13	9	国泰君安证券股份有限公司
齐 东	14	9	开源证券股份有限公司
夏亦丰	15	3	中银国际证券股份有限公司
赵 可	16	8	招商证券股份有限公司
杨 侃	17	7	平安证券股份有限公司
王 璞	18	11	中国国际金融股份有限公司
张全国	19	12	中信证券股份有限公司
谢 盐	20	13	海通证券股份有限公司

在2019年5月1日至2022年4月30日这三年的期间内,持续跟踪房地产—房地产行业并作出每股收益预测的分析师有39名。由表2-47、表2-48可以看出,从平均预测准确性角度来看,排在前五名的分析师分别是:中银国际证券股份有限公司的夏亦丰、民生证券股份有限公司的刘文正、群益证券(香港)有限公司的沈嘉婕、光大证券股份有限公司的何缅南和兴业证券股份有限公司的阎常铭。从最佳预测准确性角度来看,排在前五名的分析师分别是:光大证券股份有限公司的何缅南、海通证券股份有限公司的涂力磊、国泰君安证券股份有限公司的谢皓宇、广发证券股份有限公司的郭镇和广发证券股份有限公司的乐加栋。

3 五年期证券分析师预测准确性评价

3.1 数据来源与样本说明

五年期证券分析师预测准确性评价的数据期间为2017年5月1日至2022年4月30日。所有分析师预测数据来源于CSMAR数据库,涉及指标包括分析师姓名、分析师编码、所属证券公司名称、预测公司证券代码、证券简称、预测终止日、预测每股收益及实际每股收益。

在对五年期证券分析师预测准确性进行评价时,我们对分析师初始研究报告及预测数据按照如下原则进行剔除:(1)剔除针对非A股上市公司的研究报告;(2)剔除未对公司每股收益进行预测的研究报告;(3)分析师同一预测期间内进行多次每股收益预测时,保留该预测期间内最后一次每股收益预测;(4)同一研究报告中对未来多期每股收益进行预测时,保留最近一期每股收益预测。此外,在五年期证券分析师预测准确性评价中,我们仅对连续在行业内执业满五年的分析师进行了排名。

经上述筛选后,我们最终得到参与五年期证券分析师准确性评价的分析师共640名。其中,主要消费—食品、饮料与烟草(除农牧渔产品)行业37名、主要消费—农牧渔行业20名、信息技术—信息技术(含半导体、计算机、电子)行业122名、公用事业—公用事业行业21名、医药卫生—医药卫生(含医疗、医药)行业56名、原材料—化工行业61名、原材料—有色金属、钢铁、非金属材料行业58名、原材料—轻工(含家庭与个人用品、造纸与包装)行业31名、可选消费—乘用车及零部件行业34名、可选消费—消费者服务、耐用消费品、纺织服务与珠宝行业90名、可选消费—零售业行业17名、工业—交通运输行业27名、工业—商业服务与用品行业29名、工业—工业集团企业、建筑装饰行业36名、工业—机械制造行业59名、工业—环保行业20名、工业—电力设备行业62名、工业—航空航天与国防行业14名、通信服务—通信服务(含电信服务、通信设备及技术服务)行业23名、通信服务—传媒行业28名、能源—能源行业20名、金融—银行行业22名、金融—非银金融(含保险、资本市场、其他金融)行业23名、房地产—房地产行业21名[①]。

3.2 五年期证券分析师预测准确性评价结果

我们按照第一章介绍的计算方法,首先计算出各行业内每位分析师各年度每股收益预测的平均表现得分及最佳表现得分,在此基础上对分析师在行业内五年表现(平均表现和最佳表现两个维度)得分求平均,按照五年平均标准分由低到高进行排序[②],若标准分相同,平均跟踪行业公司数量多的优先,若仍相同,按分析师姓名排序。按上述方法得到五年期的分行业证券分析师预测准确性排名如下,因篇幅所限,我们只列示了各行业内排名前10名的分析师,若不足10名,则全部列示。

表3-1 五年期分析师预测准确性评价—平均表现(2017.05.01—2022.04.30)
行业:主要消费—食品、饮料与烟草(除农牧渔产品)

分析师姓名	平均表现排名	平均跟踪股票数量	所属证券公司[③]
薛玉虎	1	28	国海证券股份有限公司
刘 威	2	3	海通证券股份有限公司
杨天明	3	2	华泰证券股份有限公司
文 献	4	16	华安证券股份有限公司
朱会振	5	24	西南证券股份有限公司
叶倩瑜	6	17	光大证券股份有限公司
范劲松	7	28	中泰证券股份有限公司
苏 铖	8	28	兴业证券股份有限公司
董广阳	9	26	华创证券有限责任公司
吴 立	10	5	天风证券股份有限公司

---

① 因存在同一分析师跟踪不同行业的情况,因此证券分析师总数与各行业分析师数量加总数不一致。
② 标准分越低,预测误差相对越小,预测准确度相对越高。
③ 所属证券公司信息为分析师2017.05.01—2022.04.30期间最后一次发布报告时所处的证券公司,下同。

表 3-2　五年期分析师预测准确性评价—最佳表现(2017.05.01—2022.04.30)

行业：主要消费—食品、饮料与烟草(除农牧渔产品)

分析师姓名	最佳表现排名	平均跟踪股票数量	所属证券公司
朱会振	1	24	西南证券股份有限公司
苏铖	2	28	兴业证券股份有限公司
薛玉虎	3	28	国海证券股份有限公司
陈梦瑶	4	23	国联证券股份有限公司
范劲松	5	28	中泰证券股份有限公司
董广阳	6	26	华创证券有限责任公司
王永锋	7	26	广发证券股份有限公司
刘畅	8	30	天风证券股份有限公司
叶书怀	9	17	东方证券股份有限公司
汤玮亮	10	15	中银国际证券股份有限公司

在 2017 年 5 月 1 日至 2022 年 4 月 30 日这五年的期间内，持续跟踪主要消费—食品、饮料与烟草(除农牧渔产品)行业并作出每股收益预测的分析师有 37 名。由表 3-1、表 3-2 可以看出，从平均预测准确性角度来看，排在前五名的分析师分别是：国海证券股份有限公司的薛玉虎、海通证券股份有限公司的刘威、华泰证券股份有限公司的杨天明、华安证券股份有限公司的文献和西南证券股份有限公司的朱会振。从最佳预测准确性角度来看，排在前五名的分析师分别是：西南证券股份有限公司的朱会振、兴业证券股份有限公司的苏铖、国海证券股份有限公司的薛玉虎、国联证券股份有限公司的陈梦瑶和中泰证券股份有限公司的范劲松。

表 3-3　五年期分析师预测准确性评价—平均表现(2017.05.01—2022.04.30)

行业：主要消费—农牧渔

分析师姓名	平均表现排名	平均跟踪股票数量	所属证券公司
鲁家瑞	1	11	国信证券股份有限公司
钟凯锋	2	16	国泰君安证券股份有限公司
丁频	3	13	海通证券股份有限公司
王乾	4	8	广发证券股份有限公司
钱浩	5	6	广发证券股份有限公司

(续表)

分析师姓名	平均表现排名	平均跟踪股票数量	所属证券公司
吴 立	6	17	天风证券股份有限公司
文 献	7	2	华安证券股份有限公司
盛 夏	8	16	中信证券股份有限公司
王 莺	9	6	华安证券股份有限公司
李晓渊	10	12	国泰君安证券股份有限公司

表3-4 五年期分析师预测准确性评价—最佳表现(2017.05.01—2022.04.30)
行业：主要消费—农牧渔

分析师姓名	最佳表现排名	平均跟踪股票数量	所属证券公司
钟凯锋	1	16	国泰君安证券股份有限公司
吴 立	2	17	天风证券股份有限公司
王 乾	3	8	广发证券股份有限公司
丁 频	4	13	海通证券股份有限公司
鲁家瑞	5	11	国信证券股份有限公司
钱 浩	6	6	广发证券股份有限公司
陈雪丽	7	13	开源证券股份有限公司
盛 夏	8	16	中信证券股份有限公司
陈 娇	9	16	兴业证券股份有限公司
熊承慧	10	11	招商证券股份有限公司

在2017年5月1日至2022年4月30日这三年的期间内,持续跟踪主要消费—农牧渔行业并作出每股收益预测的分析师有20名。由表3-3、表3-4可以看出,从平均预测准确性角度来看,排在前五名的分析师分别是：国信证券股份有限公司的鲁家瑞、国泰君安证券股份有限公司的钟凯锋、海通证券股份有限公司的丁频、广发证券股份有限公司的王乾和广发证券股份有限公司的钱浩。从最佳预测准确性角度来看,排在前五名的分析师分别是：国泰君安证券股份有限公司的钟凯锋、天风证券股份有限公司的吴立、广发证券股份有限公司的王乾、海通证券股份有限公司的丁频和国信证券股份有限公司的鲁家瑞。

表 3-5 五年期分析师预测准确性评价—平均表现(2017.05.01—2022.04.30)
行业：信息技术—信息技术(含半导体、计算机及电子)

分析师姓名	平均表现排名	平均跟踪股票数量	所属证券公司
鞠兴海	1	1	国盛证券有限责任公司
郭丽丽	2	1	天风证券股份有限公司
王华君	3	3	浙商证券股份有限公司
彭 磊	4	3	国泰君安证券股份有限公司
黄乐平	5	29	华泰证券股份有限公司
陈 筱	6	5	国泰君安证券股份有限公司
邱祖学	7	2	民生证券股份有限公司
唐海清	8	13	天风证券股份有限公司
刘玉萍	9	17	招商证券股份有限公司
高宏博	10	9	浙商证券股份有限公司

表 3-6 五年期分析师预测准确性评价—最佳表现(2017.05.01—2022.04.30)
行业：信息技术—信息技术(含半导体、计算机及电子)

分析师姓名	最佳表现排名	平均跟踪股票数量	所属证券公司
郑宏达	1	41	海通证券股份有限公司
刘雪峰	2	25	广发证券股份有限公司
杨泽原	3	24	中信证券股份有限公司
许兴军	4	34	广发证券股份有限公司
闻学臣	5	29	中泰证券股份有限公司
潘 暕	6	47	天风证券股份有限公司
姜国平	7	24	光大证券股份有限公司
谢春生	8	37	华泰证券股份有限公司
孙远峰	9	30	华西证券股份有限公司
郑震湘	10	34	国盛证券有限责任公司

在 2017 年 5 月 1 日至 2022 年 4 月 30 日这五年的期间内,持续跟踪信息技术—信息技术(含半导体、计算机及电子)行业并作出每股收益预测的分析师有 122 名。由表 3-5、表 3-6 可以看出,从平均预测准确性角度来看,排在前五名的分

析师分别是：国盛证券有限责任公司的鞠兴海、天风证券股份有限公司的郭丽丽、浙商证券股份有限公司的王华君、国泰君安证券股份有限公司的彭磊和华泰证券股份有限公司的黄乐平。从最佳预测准确性角度来看，排在前五名的分析师分别是：海通证券股份有限公司的郑宏达、广发证券股份有限公司的刘雪峰、中信证券股份有限公司的杨泽原、广发证券股份有限公司的许兴军和中泰证券股份有限公司的闻学臣。

表 3-7 五年期分析师预测准确性评价—平均表现（2017.05.01—2022.04.30）
行业：公用事业—公用事业

分析师姓名	平均表现排名	平均跟踪股票数量	所属证券公司
袁 理	1	2	东吴证券股份有限公司
郑丹丹	2	2	东兴证券股份有限公司
李 想	3	10	中信证券股份有限公司
杨心成	4	3	国盛证券有限责任公司
郭 鹏	5	8	广发证券股份有限公司
刘 俊	6	9	中国国际金融股份有限公司
蔡 屹	7	9	兴业证券股份有限公司
吴 杰	8	6	海通证券股份有限公司
卢日鑫	9	1	东方证券股份有限公司
邵琳琳	10	9	安信证券股份有限公司

表 3-8 五年期分析师预测准确性评价—最佳表现（2017.05.01—2022.04.30）
行业：公用事业—公用事业

分析师姓名	最佳表现排名	平均跟踪股票数量	所属证券公司
李 想	1	10	中信证券股份有限公司
刘 俊	2	9	中国国际金融股份有限公司
郭丽丽	3	13	天风证券股份有限公司
王玮嘉	4	14	华泰证券股份有限公司
邵琳琳	5	9	安信证券股份有限公司

(续表)

分析师姓名	最佳表现排名	平均跟踪股票数量	所属证券公司
朱纯阳	6	6	招商证券股份有限公司
王颖婷	7	7	西南证券股份有限公司
蔡屹	8	9	兴业证券股份有限公司
严家源	9	7	民生证券股份有限公司
张晨	10	6	招商证券股份有限公司

在2017年5月1日至2022年4月30日这五年的期间内,持续跟踪公用事业—公用事业行业并作出每股收益预测的分析师有21名。由表3-7、表3-8可以看出,从平均预测准确性角度来看,排在前五名的分析师分别是:东吴证券股份有限公司的袁理、东兴证券股份有限公司的郑丹丹、中信证券股份有限公司的李想、国盛证券有限责任公司的杨心成和广发证券股份有限公司的郭鹏。从最佳预测准确性角度来看,排在前五名的分析师分别是:中信证券股份有限公司的李想、中国国际金融股份有限公司的刘俊、天风证券股份有限公司的郭丽丽、华泰证券股份有限公司的王玮嘉和安信证券股份有限公司的邵琳琳。

表3-9 五年期分析师预测准确性评价—平均表现(2017.05.01—2022.04.30)
行业:医药卫生—医药卫生(含医疗、医药)

分析师姓名	平均表现排名	平均跟踪股票数量	所属证券公司
刘易	1	2	中信证券股份有限公司
李辉	2	1	浙商证券股份有限公司
谢木青	3	14	中泰证券股份有限公司
高岳	4	12	华创证券有限责任公司
张金洋	5	45	国盛证券有限责任公司
唐爱金	6	13	方正证券股份有限公司
代雯	7	30	华泰证券股份有限公司
蔡明子	8	15	开源证券股份有限公司
崔洁铭	9	16	东北证券股份有限公司
丁丹	10	40	国泰君安证券股份有限公司

表3-10　五年期分析师预测准确性评价—最佳表现(2017.05.01—2022.04.30)

行业：医药卫生—医药卫生(含医疗、医药)

分析师姓名	最佳表现排名	平均跟踪股票数量	所属证券公司
张金洋	1	45	国盛证券有限责任公司
高　岳	2	12	华创证券有限责任公司
叶　寅	3	35	平安证券股份有限公司
徐佳熹	4	69	兴业证券股份有限公司
丁　丹	5	40	国泰君安证券股份有限公司
罗佳荣	6	38	广发证券股份有限公司
崔文亮	7	37	华西证券股份有限公司
周小刚	8	25	国海证券股份有限公司
代　雯	9	30	华泰证券股份有限公司
崔洁铭	10	16	东北证券股份有限公司

在2017年5月1日至2022年4月30日这五年的期间内，持续跟踪医药卫生—医药卫生(含医疗、医药)行业并作出每股收益预测的分析师有56名。由表3-9、表3-10可以看出，从平均预测准确性角度来看，排在前五名的分析师分别是：中信证券股份有限公司的刘易、浙商证券股份有限公司的李辉、中泰证券股份有限公司的谢木青、华创证券有限责任公司的高岳和国盛证券有限责任公司的张金洋。从最佳预测准确性角度来看，排在前五名的分析师分别是：国盛证券有限责任公司的张金洋、华创证券有限责任公司的高岳、平安证券股份有限公司的叶寅、兴业证券股份有限公司的徐佳熹和国泰君安证券股份有限公司的丁丹。

表3-11　五年期分析师预测准确性评价—平均表现(2017.05.01—2022.04.30)

行业：原材料—化工

分析师姓名	平均表现排名	平均跟踪股票数量	所属证券公司
鲍荣富	1	5	天风证券股份有限公司
赵军胜	2	1	东兴证券股份有限公司
鲍雁辛	3	6	国泰君安证券股份有限公司
周　铮	4	24	招商证券股份有限公司
郑　勇	5	20	中信建投证券股份有限公司

(续表)

分析师姓名	平均表现排名	平均跟踪股票数量	所属证券公司
吴 立	6	3	天风证券股份有限公司
魏振亚	7	2	天风证券股份有限公司
陶贻功	8	9	太平洋证券股份有限公司
蒯 剑	9	1	东方证券股份有限公司
杨诚笑	10	2	天风证券股份有限公司

表 3-12　五年期分析师预测准确性评价—最佳表现(2017.05.01—2022.04.30)
行业：原材料—化工

分析师姓名	最佳表现排名	平均跟踪股票数量	所属证券公司
刘 威	1	69	海通证券股份有限公司
周 铮	2	24	招商证券股份有限公司
李永磊	3	26	国海证券股份有限公司
杨 林	4	33	国信证券股份有限公司
杨 伟	5	31	华西证券股份有限公司
李 辉	6	24	浙商证券股份有限公司
裘孝锋	7	28	中国国际金融股份有限公司
王 喆	8	45	中信证券股份有限公司
陶贻功	9	9	太平洋证券股份有限公司
王席鑫	10	17	国盛证券有限责任公司

在2017年5月1日至2022年4月30日这五年的期间内,持续跟踪原材料—化工行业并作出每股收益预测的分析师有61名。由表3-11、表3-12可以看出,从平均预测准确性角度来看,排在前五名的分析师分别是：天风证券股份有限公司的鲍荣富、东兴证券股份有限公司的赵军胜、国泰君安证券股份有限公司的鲍雁辛、招商证券股份有限公司的周铮和中信建投证券股份有限公司的郑勇。从最佳预测准确性角度来看,排在前五名的分析师分别是：海通证券股份有限公司的刘威、招商证券股份有限公司的周铮、国海证券股份有限公司的李永磊、国信证券股份有限公司的杨林和华西证券股份有限公司的杨伟。

表 3-13　五年期分析师预测准确性评价—平均表现(2017.05.01—2022.04.30)
行业：原材料—有色金属、钢铁、非金属材料

分析师姓名	平均表现排名	平均跟踪股票数量	所属证券公司
赖福洋	1	11	开源证券股份有限公司
房大磊	2	3	国盛证券有限责任公司
曾朵红	3	1	东吴证券股份有限公司
孙伟风	4	5	光大证券股份有限公司
邹戈	5	8	广发证券股份有限公司
陈建文	6	7	平安证券股份有限公司
开文明	7	2	新时代证券股份有限公司
李鹏飞	8	21	国泰君安证券股份有限公司
鲍雁辛	9	26	国泰君安证券股份有限公司
李隆海	10	1	东莞证券股份有限公司

表 3-14　五年期分析师预测准确性评价—最佳表现(2017.05.01—2022.04.30)
行业：原材料—有色金属、钢铁、非金属材料

分析师姓名	最佳表现排名	平均跟踪股票数量	所属证券公司
李斌	1	30	华泰证券股份有限公司
邱祖学	2	38	民生证券有限公司
鲍雁辛	3	26	国泰君安证券股份有限公司
刘文平	4	18	招商证券股份有限公司
陈浩武	5	10	中银国际证券股份有限公司
鲍荣富	6	15	天风证券股份有限公司
巨国贤	7	20	广发证券股份有限公司
敖翀	8	20	中信证券股份有限公司
盛昌盛	9	11	国海证券有限公司
杨诚笑	10	21	天风证券股份有限公司

在 2017 年 5 月 1 日至 2022 年 4 月 30 日这五年的期间内,持续跟踪原材料—有色金属、钢铁、非金属材料行业并作出每股收益预测的分析师有 58 名。由表 3-13、表 3-14 可以看出,从平均预测准确性角度来看,排在前五名的分析师分别是：

开源证券股份有限公司的赖福洋、国盛证券有限责任公司的房大磊、东吴证券股份有限公司的曾朵红、光大证券股份有限公司的孙伟风和广发证券股份有限公司的邹戈。从最佳预测准确性角度来看,排在前五名的分析师分别是:华泰证券股份有限公司的李斌、民生证券股份有限公司的邱祖学、国泰君安证券股份有限公司的鲍雁辛、招商证券股份有限公司的刘文平和中银国际证券股份有限公司的陈浩武。

表3-15 五年期分析师预测准确性评价—平均表现(2017.05.01—2022.04.30)
行业:原材料—轻工(含家庭与个人用品、造纸与包装)

分析师姓名	平均表现排名	平均跟踪股票数量	所属证券公司
邹 戈	1	2	广发证券股份有限公司
谢 璐	2	2	广发证券股份有限公司
马 莉	3	11	浙商证券股份有限公司
鲍荣富	4	2	天风证券股份有限公司
鲍雁辛	5	2	国泰君安证券股份有限公司
樊俊豪	6	8	中国国际金融股份有限公司
訾 猛	7	5	国泰君安证券股份有限公司
史凡可	8	8	浙商证券股份有限公司
施红梅	9	3	东方证券股份有限公司
穆方舟	10	9	国泰君安证券股份有限公司

表3-16 五年期分析师预测准确性评价—最佳表现(2017.05.01—2022.04.30)
行业:原材料—轻工(含家庭与个人用品、造纸与包装)

分析师姓名	最佳表现排名	平均跟踪股票数量	所属证券公司
徐林锋	1	9	华西证券股份有限公司
马 莉	2	11	浙商证券股份有限公司
唐 凯	3	10	东北证券股份有限公司
范张翔	4	7	天风证券股份有限公司
蔡 欣	5	8	西南证券股份有限公司
李宏鹏	6	9	信达证券股份有限公司

(续表)

分析师姓名	最佳表现排名	平均跟踪股票数量	所属证券公司
赵中平	7	9	招商证券股份有限公司
陈羽锋	8	7	华泰证券股份有限公司
穆方舟	9	9	国泰君安证券股份有限公司
陈柏儒	10	6	中国银河证券股份有限公司

在2017年5月1日至2022年4月30日这五年的期间内，持续跟踪原材料—轻工（含家庭与个人用品、造纸与包装）行业并作出每股收益预测的分析师有31名。由表3-15、表3-16可以看出，从平均预测准确性角度来看，排在前五名的分析师分别是：广发证券股份有限公司的邹戈、广发证券股份有限公司的谢璐、浙商证券股份有限公司的马莉、天风证券股份有限公司的鲍荣富和国泰君安证券股份有限公司的鲍雁辛。从最佳预测准确性角度来看，排在前五名的分析师分别是：华西证券股份有限公司的徐林锋、浙商证券股份有限公司的马莉、东北证券股份有限公司的唐凯、天风证券股份有限公司的范张翔和西南证券股份有限公司的蔡欣。

表3-17 五年期分析师预测准确性评价—平均表现（2017.05.01—2022.04.30）
行业：可选消费—乘用车及零部件

分析师姓名	平均表现排名	平均跟踪股票数量	所属证券公司
李永磊	1	2	国海证券股份有限公司
刘 军	2	5	东北证券股份有限公司
杨 晖	3	2	西部证券股份有限公司
黄细里	4	8	东吴证券股份有限公司
曾朵红	5	1	东吴证券股份有限公司
王德安	6	12	平安证券股份有限公司
汪刘胜	7	19	招商证券股份有限公司
李金锦	8	8	东兴证券股份有限公司
白 宇	9	21	太平洋证券股份有限公司
袁健聪	10	3	中信证券股份有限公司

表 3-18　五年期分析师预测准确性评价—最佳表现(2017.05.01—2022.04.30)
行业：可选消费—乘用车及零部件

分析师姓名	最佳表现排名	平均跟踪股票数量	所属证券公司
汪刘胜	1	19	招商证券股份有限公司
白　宇	2	21	太平洋证券股份有限公司
于　特	3	26	天风证券股份有限公司
姜雪晴	4	18	东方证券股份有限公司
朱　朋	5	16	中银国际证券股份有限公司
黄细里	6	8	东吴证券股份有限公司
邓　学	7	22	中国国际金融股份有限公司
李恒光	8	14	东北证券股份有限公司
王德安	9	12	平安证券股份有限公司
戴　畅	10	17	兴业证券股份有限公司

在 2017 年 5 月 1 日至 2022 年 4 月 30 日这五年的期间内，持续跟踪可选消费—乘用车及零部件行业并作出每股收益预测的分析师有 34 名。由表 3-17、表 3-18 可以看出，从平均预测准确性角度来看，排在前五名的分析师分别是：国海证券股份有限公司的李永磊、东北证券股份有限公司的刘军、西部证券股份有限公司的杨晖、东吴证券股份有限公司的黄细里和东吴证券股份有限公司的曾朵红。从最佳预测准确性角度来看，排在前五名的分析师分别是：招商证券股份有限公司的汪刘胜、太平洋证券股份有限公司的白宇、天风证券股份有限公司的于特、东方证券股份有限公司的姜雪晴和中银国际证券股份有限公司的朱朋。

表 3-19　五年期分析师预测准确性评价—平均表现(2017.05.01—2022.04.30)
行业：可选消费—消费者服务、耐用消费品、纺织服务与珠宝

分析师姓名	平均表现排名	平均跟踪股票数量	所属证券公司
顾　佳	1	2	招商证券股份有限公司
唐佳睿	2	6	光大证券股份有限公司
洪　涛	3	3	广发证券股份有限公司
马　莉	4	30	浙商证券股份有限公司
蔡雯娟	5	19	国泰君安证券股份有限公司

(续表)

分析师姓名	平均表现排名	平均跟踪股票数量	所属证券公司
刘凯	6	3	光大证券股份有限公司
李华丰	7	2	西部证券股份有限公司
曾光	8	18	国信证券股份有限公司
汤军	9	7	东吴证券股份有限公司
潘暕	10	3	天风证券股份有限公司

表3-20　五年期分析师预测准确性评价—最佳表现（2017.05.01—2022.04.30）
行业：可选消费—消费者服务、耐用消费品、纺织服务与珠宝

分析师姓名	最佳表现排名	平均跟踪股票数量	所属证券公司
张立聪	1	22	安信证券股份有限公司
马莉	2	30	浙商证券股份有限公司
鞠兴海	3	21	国盛证券有限责任公司
糜韩杰	4	24	广发证券股份有限公司
陈子仪	5	16	海通证券股份有限公司
姜娅	6	12	中信证券股份有限公司
施红梅	7	19	东方证券股份有限公司
蔡欣	8	12	西南证券股份有限公司
曾婵	9	20	广发证券股份有限公司
蔡雯娟	10	19	国泰君安证券股份有限公司

在2017年5月1日至2022年4月30日这五年的期间内，持续跟踪可选消费—消费者服务、耐用消费品、纺织服务与珠宝行业并作出每股收益预测的分析师有90名。由表3-19、表3-20可以看出，从平均预测准确性角度来看，排在前五名的分析师分别是：招商证券股份有限公司的顾佳、光大证券股份有限公司的唐佳睿、广发证券股份有限公司的洪涛、浙商证券股份有限公司的马莉和国泰君安证券股份有限公司的蔡雯娟。从最佳预测准确性角度来看，排在前五名的分析师分别是：安信证券股份有限公司的张立聪、浙商证券股份有限公司的马莉、国盛证券有限责任公司的鞠兴海、广发证券股份有限公司的糜韩杰和海通证券股份有限公司的陈子仪。

表 3-21　五年期分析师预测准确性评价—平均表现(2017.05.01—2022.04.30)
行业：可选消费—零售业

分析师姓名	平均表现排名	平均跟踪股票数量	所属证券公司
穆方舟	1	1	国泰君安证券股份有限公司
唐佳睿	2	23	光大证券股份有限公司
汪立亭	3	11	海通证券股份有限公司
马莉	4	2	浙商证券股份有限公司
樊俊豪	5	10	中国国际金融股份有限公司
訾猛	6	11	国泰君安证券股份有限公司
李宏科	7	11	海通证券股份有限公司
洪涛	8	10	广发证券股份有限公司
徐晓芳	9	9	中信证券股份有限公司
陈腾曦	10	1	浙商证券股份有限公司

表 3-22　五年期分析师预测准确性评价—最佳表现(2017.05.01—2022.04.30)
行业：可选消费—零售业

分析师姓名	最佳表现排名	平均跟踪股票数量	所属证券公司
唐佳睿	1	23	光大证券股份有限公司
汪立亭	2	11	海通证券股份有限公司
李宏科	3	11	海通证券股份有限公司
訾猛	4	11	国泰君安证券股份有限公司
徐晓芳	5	9	中信证券股份有限公司
樊俊豪	6	10	中国国际金融股份有限公司
洪涛	7	10	广发证券股份有限公司
刘章明	8	13	天风证券股份有限公司
李昂	9	6	中国银河证券股份有限公司
马莉	10	2	浙商证券股份有限公司

在2017年5月1日至2022年4月30日这五年的期间内,持续跟踪可选消费—零售业行业并作出每股收益预测的分析师有17名。由表3-21、表3-22可以看出,从平均预测准确性角度来看,排在前五名的分析师分别是：国泰君安证

券股份有限公司的穆方舟、光大证券股份有限公司的唐佳睿、海通证券股份有限公司的汪立亭、浙商证券股份有限公司的马莉和中国国际金融股份有限公司的樊俊豪。从最佳预测准确性角度来看,排在前五名的分析师分别是:光大证券股份有限公司的唐佳睿、海通证券股份有限公司的汪立亭、海通证券股份有限公司的李宏科、国泰君安证券股份有限公司的訾猛和中信证券股份有限公司的徐晓芳。

表 3-23　五年期分析师预测准确性评价—平均表现(2017.05.01—2022.04.30)
行业:工业—交通运输

分析师姓名	平均表现排名	平均跟踪股票数量	所属证券公司
岳　鑫	1	7	国泰君安证券股份有限公司
郑　武	2	15	国泰君安证券股份有限公司
吴一凡	3	23	华创证券有限责任公司
杨　鑫	4	29	中国国际金融股份有限公司
姜　明	5	22	国信证券股份有限公司
刘　阳	6	17	华创证券有限责任公司
沈晓峰	7	33	华泰证券股份有限公司
王春环	8	5	兴业证券股份有限公司
张晓云	9	20	兴业证券股份有限公司
苏宝亮	10	20	招商证券股份有限公司

表 3-24　五年期分析师预测准确性评价—最佳表现(2017.05.01—2022.04.30)
行业:工业—交通运输

分析师姓名	最佳表现排名	平均跟踪股票数量	所属证券公司
吴一凡	1	23	华创证券有限责任公司
沈晓峰	2	33	华泰证券股份有限公司
杨　鑫	3	29	中国国际金融股份有限公司
姜　明	4	22	国信证券股份有限公司
瞿永忠	5	18	东北证券股份有限公司

(续表)

分析师姓名	最佳表现排名	平均跟踪股票数量	所属证券公司
张晓云	6	20	兴业证券股份有限公司
苏宝亮	7	20	招商证券股份有限公司
郑 武	8	15	国泰君安证券股份有限公司
岳 鑫	9	7	国泰君安证券股份有限公司
袁 钉	10	13	华泰证券股份有限公司

在2017年5月1日至2022年4月30日这五年的期间内,持续跟踪工业—交通运输行业并作出每股收益预测的分析师有27名。由表3-23、表3-24可以看出,从平均预测准确性角度来看,排在前五名的分析师分别是:国泰君安证券股份有限公司的岳鑫、国泰君安证券股份有限公司的郑武、华创证券有限责任公司的吴一凡、中国国际金融股份有限公司的杨鑫和国信证券股份有限公司的姜明。从最佳预测准确性角度来看,排在前五名的分析师分别是:华创证券有限责任公司的吴一凡、华泰证券股份有限公司的沈晓峰、中国国际金融股份有限公司的杨鑫、国信证券股份有限公司的姜明和东北证券股份有限公司的瞿永忠。

表3-25 五年期分析师预测准确性评价—平均表现(2017.05.01—2022.04.30)
行业:工业—商业服务与用品

分析师姓名	平均表现排名	平均跟踪股票数量	所属证券公司
马 莉	1	3	浙商证券股份有限公司
郭 鹏	2	1	广发证券股份有限公司
陈腾曦	3	1	浙商证券股份有限公司
史凡可	4	2	浙商证券股份有限公司
徐林锋	5	4	华西证券股份有限公司
樊俊豪	6	4	中国国际金融股份有限公司
陈 笑	7	2	国泰君安证券股份有限公司
雷慧华	8	3	安信证券股份有限公司
赵中平	9	3	招商证券股份有限公司
方晏荷	10	3	华泰证券股份有限公司

表 3-26　五年期分析师预测准确性评价—最佳表现（2017.05.01—2022.04.30）
行业：工业—商业服务与用品

分析师姓名	最佳表现排名	平均跟踪股票数量	所属证券公司
徐林锋	1	4	华西证券股份有限公司
樊俊豪	2	4	中国国际金融股份有限公司
赵中平	3	3	招商证券股份有限公司
马 莉	4	3	浙商证券股份有限公司
李宏鹏	5	3	信达证券股份有限公司
史凡可	6	2	浙商证券股份有限公司
孟 杰	7	5	兴业证券股份有限公司
方晏荷	8	3	华泰证券股份有限公司
陈 笑	9	2	国泰君安证券股份有限公司
雷慧华	10	3	安信证券股份有限公司

在 2017 年 5 月 1 日至 2022 年 4 月 30 日这五年的期间内，持续跟踪工业—商业服务与用品行业并作出每股收益预测的分析师有 29 名。由表 3-25、表 3-26 可以看出，从平均预测准确性角度来看，排在前五名的分析师分别是：浙商证券股份有限公司的马莉、广发证券股份有限公司的郭鹏、浙商证券股份有限公司的陈腾曦、浙商证券股份有限公司的史凡可和华西证券股份有限公司的徐林锋。从最佳预测准确性角度来看，排在前五名的分析师分别是：华西证券股份有限公司的徐林锋、中国国际金融股份有限公司的樊俊豪、招商证券股份有限公司的赵中平、浙商证券股份有限公司的马莉和信达证券股份有限公司的李宏鹏。

表 3-27　五年期分析师预测准确性评价—平均表现（2017.05.01—2022.04.30）
行业：工业—工业集团企业、建筑装饰

分析师姓名	平均表现排名	平均跟踪股票数量	所属证券公司
杨 侃	1	1	平安证券股份有限公司
夏 天	2	16	国盛证券有限责任公司
何亚轩	3	13	国盛证券有限责任公司
陈羽锋	4	2	华泰证券股份有限公司
冯晨阳	5	4	海通证券股份有限公司

(续表)

分析师姓名	平均表现排名	平均跟踪股票数量	所属证券公司
詹奥博	6	11	中国国际金融股份有限公司
盛昌盛	7	3	国海证券股份有限公司
鲍荣富	8	27	天风证券股份有限公司
谢璐	9	7	广发证券股份有限公司
邹戈	10	7	广发证券股份有限公司

表3-28　五年期分析师预测准确性评价—最佳表现(2017.05.01—2022.04.30)
行业：工业—工业集团企业、建筑装饰

分析师姓名	最佳表现排名	平均跟踪股票数量	所属证券公司
鲍荣富	1	27	天风证券股份有限公司
孟杰	2	23	兴业证券股份有限公司
韩其成	3	26	国泰君安证券股份有限公司
夏天	4	16	国盛证券有限责任公司
罗鼎	5	10	中信证券股份有限公司
孙伟风	6	14	光大证券股份有限公司
唐笑	7	26	招商证券股份有限公司
何亚轩	8	13	国盛证券有限责任公司
方晏荷	9	22	华泰证券股份有限公司
王小勇	10	20	东北证券股份有限公司

在2017年5月1日至2022年4月30日这五年的期间内，持续跟踪工业—工业集团企业、建筑装饰行业并作出每股收益预测的分析师有36名。由表3-27、表3-28可以看出，从平均预测准确性角度来看，排在前五名的分析师分别是：平安证券股份有限公司的杨侃、国盛证券有限责任公司的夏天、国盛证券有限责任公司的何亚轩、华泰证券股份有限公司的陈羽锋和海通证券股份有限公司的冯晨阳。从最佳预测准确性角度来看，排在前五名的分析师分别是：天风证券股份有限公司的鲍荣富、兴业证券股份有限公司的孟杰、国泰君安证券股份有限公司的韩其成、国盛证券有限责任公司的夏天和中信证券股份有限公司的罗鼎。

表 3-29　五年期分析师预测准确性评价—平均表现（2017.05.01—2022.04.30）
行业：工业—机械制造

分析师姓名	平均表现排名	平均跟踪股票数量	所属证券公司
张立聪	1	2	安信证券股份有限公司
郭 鹏	2	2	广发证券股份有限公司
黄 琨	3	25	国泰君安证券股份有限公司
王华君	4	26	浙商证券股份有限公司
曾 韬	5	1	中国国际金融股份有限公司
周尔双	6	17	东吴证券股份有限公司
王德安	7	1	平安证券股份有限公司
汪刘胜	8	3	招商证券股份有限公司
陈显帆	9	20	中国国际金融股份有限公司
刘 军	10	24	东北证券股份有限公司

表 3-30　五年期分析师预测准确性评价—最佳表现（2017.05.01—2022.04.30）
行业：工业—机械制造

分析师姓名	最佳表现排名	平均跟踪股票数量	所属证券公司
冯 胜	1	24	中泰证券股份有限公司
刘国清	2	32	太平洋证券股份有限公司
黄 琨	3	25	国泰君安证券股份有限公司
刘 荣	4	33	招商证券股份有限公司
陈显帆	5	20	中国国际金融股份有限公司
邹润芳	6	28	中航证券有限公司
鲁 佩	7	21	中国银河证券股份有限公司
孔令鑫	8	23	中国国际金融股份有限公司
王华君	9	26	浙商证券股份有限公司
满在朋	10	18	国金证券股份有限公司

在 2017 年 5 月 1 日至 2022 年 4 月 30 日这五年的期间内，持续跟踪工业—机械制造行业并作出每股收益预测的分析师有 59 名。由表 3-29、表 3-30 可以看

出,从平均预测准确性角度来看,排在前五名的分析师分别是:安信证券股份有限公司的张立聪、广发证券股份有限公司的郭鹏、国泰君安证券股份有限公司的黄琨、浙商证券股份有限公司的王华君和中国国际金融股份有限公司的曾韬。从最佳预测准确性角度来看,排在前五名的分析师分别是:中泰证券股份有限公司的冯胜、太平洋证券股份有限公司的刘国清、国泰君安证券股份有限公司的黄琨、招商证券股份有限公司的刘荣和中国国际金融股份有限公司的陈显帆。

表3-31 五年期分析师预测准确性评价—平均表现(2017.05.01—2022.04.30)
行业:工业—环保

分析师姓名	平均表现排名	平均跟踪股票数量	所属证券公司
李 想	1	4	中信证券股份有限公司
鲍荣富	2	1	天风证券股份有限公司
王颖婷	3	5	西南证券股份有限公司
蒋昕昊	4	4	中国国际金融股份有限公司
王玮嘉	5	15	华泰证券股份有限公司
陶贻功	6	4	中国银河证券股份有限公司
邵琳琳	7	9	安信证券股份有限公司
郭 鹏	8	15	广发证券股份有限公司
郭丽丽	9	9	天风证券股份有限公司
朱纯阳	10	11	招商证券股份有限公司

表3-32 五年期分析师预测准确性评价—最佳表现(2017.05.01—2022.04.30)
行业:工业—环保

分析师姓名	最佳表现排名	平均跟踪股票数量	所属证券公司
郭 鹏	1	15	广发证券股份有限公司
杨心成	2	9	国盛证券有限责任公司
王玮嘉	3	15	华泰证券股份有限公司
卢日鑫	4	5	东方证券股份有限公司
袁 理	5	8	东吴证券股份有限公司

(续表)

分析师姓名	最佳表现排名	平均跟踪股票数量	所属证券公司
郭丽丽	6	9	天风证券股份有限公司
邵琳琳	7	9	安信证券股份有限公司
朱纯阳	8	11	招商证券股份有限公司
谢超波	9	4	东方证券股份有限公司
徐　强	10	11	国泰君安证券股份有限公司

在2017年5月1日至2022年4月30日这三年的期间内,持续跟踪工业—环保行业并作出每股收益预测的分析师有20名。由表3-31、表3-32可以看出,从平均预测准确性角度来看,排在前五名的分析师分别是:中信证券股份有限公司的李想、天风证券股份有限公司的鲍荣富、西南证券股份有限公司的王颖婷、中国国际金融股份有限公司的蒋昕昊和华泰证券股份有限公司的王玮嘉。从最佳预测准确性角度来看,排在前五名的分析师分别是:广发证券股份有限公司的郭鹏、国盛证券有限责任公司的杨心成、华泰证券股份有限公司的王玮嘉、东方证券股份有限公司的卢日鑫和东吴证券股份有限公司的袁理。

表3-33　五年期分析师预测准确性评价—平均表现(2017.05.01—2022.04.30)
行业:工业—电力设备

分析师姓名	平均表现排名	平均跟踪股票数量	所属证券公司
周尔双	1	4	东吴证券股份有限公司
肖群稀	2	2	华泰证券股份有限公司
佘炜超	3	3	海通证券股份有限公司
曾朵红	4	29	东吴证券股份有限公司
陈显帆	5	3	中国国际金融股份有限公司
王华君	6	5	浙商证券股份有限公司
沈　成	7	23	中银国际证券股份有限公司
开文明	8	17	上海证券有限责任公司
姚　遥	9	14	国金证券股份有限公司
周　铮	10	2	招商证券股份有限公司

表 3-34 五年期分析师预测准确性评价—最佳表现（2017.05.01—2022.04.30）
行业：工业—电力设备

分析师姓名	最佳表现排名	平均跟踪股票数量	所属证券公司
曾朵红	1	29	东吴证券股份有限公司
沈 成	2	23	中银国际证券股份有限公司
游家训	3	26	招商证券股份有限公司
姚 遥	4	14	国金证券股份有限公司
陈子坤	5	17	广发证券股份有限公司
朱 栋	6	18	平安证券股份有限公司
黄 斌	7	14	华泰证券股份有限公司
邓永康	8	36	民生证券股份有限公司
皮 秀	9	15	平安证券股份有限公司
张一弛	10	22	海通证券股份有限公司

在 2017 年 5 月 1 日至 2022 年 4 月 30 日这五年的期间内，持续跟踪工业—电力设备行业并作出每股收益预测的分析师有 62 名。由表 3-33、表 3-34 可以看出，从平均预测准确性角度来看，排在前五名的分析师分别是：东吴证券股份有限公司的周尔双、华泰证券股份有限公司的肖群稀、海通证券股份有限公司的佘炜超、东吴证券股份有限公司的曾朵红和中国国际金融股份有限公司的陈显帆。从最佳预测准确性角度来看，排在前五名的分析师分别是：东吴证券股份有限公司的曾朵红、中银国际证券股份有限公司的沈成、招商证券股份有限公司的游家训、国金证券股份有限公司的姚遥和广发证券股份有限公司的陈子坤。

表 3-35 五年期分析师预测准确性评价—平均表现（2017.05.01—2022.04.30）
行业：工业—航空航天与国防

分析师姓名	平均表现排名	平均跟踪股票数量	所属证券公司
王天一	1	8	东方证券股份有限公司
邹润芳	2	9	中航证券有限公司
石 康	3	20	兴业证券股份有限公司
张恒晅	4	11	海通证券股份有限公司
王 超	5	12	招商证券股份有限公司

(续表)

分析师姓名	平均表现排名	平均跟踪股票数量	所属证券公司
李 良	6	9	中国银河证券股份有限公司
黎韬扬	7	13	中信建投证券股份有限公司
马浩然	8	5	太平洋证券股份有限公司
陈鼎如	9	9	中泰证券股份有限公司
张高艳	10	8	海通证券股份有限公司

表 3-36 五年期分析师预测准确性评价—最佳表现（2017.05.01—2022.04.30）
行业：工业—航空航天与国防

分析师姓名	最佳表现排名	平均跟踪股票数量	所属证券公司
石 康	1	20	兴业证券股份有限公司
张恒晅	2	11	海通证券股份有限公司
王 超	3	12	招商证券股份有限公司
李 良	4	9	中国银河证券股份有限公司
邹润芳	5	9	中航证券有限公司
王天一	6	8	东方证券股份有限公司
陆 洲	7	11	华西证券股份有限公司
黎韬扬	8	13	中信建投证券股份有限公司
陈鼎如	9	9	中泰证券股份有限公司
张高艳	10	8	海通证券股份有限公司

在2017年5月1日至2022年4月30日这五年的期间内，持续跟踪工业—航空航天与国防行业并作出每股收益预测的分析师有14名。由表3-35、表3-36可以看出，从平均预测准确性角度来看，排在前五名的分析师分别是：东方证券股份有限公司的王天一、中航证券有限公司的邹润芳、兴业证券股份有限公司的石康、海通证券股份有限公司的张恒晅和招商证券股份有限公司的王超。从最佳预测准确性角度来看，排在前五名的分析师分别是：兴业证券股份有限公司的石康、海通证券股份有限公司的张恒晅、招商证券股份有限公司的王超、中国银河证券股份有限公司的李良和中航证券有限公司的邹润芳。

表 3-37 五年期分析师预测准确性评价—平均表现(2017.05.01—2022.04.30)
行业：通信服务—通信服务(含电信服务、通信设备及技术服务)

分析师姓名	平均表现排名	平均跟踪股票数量	所属证券公司
余 俊	1	9	招商证券股份有限公司
邹润芳	2	1	中航证券有限公司
唐海清	3	23	天风证券股份有限公司
王奕红	4	13	天风证券股份有限公司
耿 琛	5	2	华创证券有限责任公司
宋嘉吉	6	9	国盛证券有限责任公司
潘 暕	7	4	天风证券股份有限公司
陈宁玉	8	9	中泰证券股份有限公司
蔡景彦	9	3	摩根大通证券(亚太)有限公司
钱 凯	10	1	中国国际金融股份有限公司

表 3-38 五年期分析师预测准确性评价—最佳表现(2017.05.01—2022.04.30)
行业：通信服务—通信服务(含电信服务、通信设备及技术服务)

分析师姓名	最佳表现排名	平均跟踪股票数量	所属证券公司
唐海清	1	23	天风证券股份有限公司
余 俊	2	9	招商证券股份有限公司
陈宁玉	3	9	中泰证券股份有限公司
朱劲松	4	16	海通证券股份有限公司
宋嘉吉	5	9	国盛证券有限责任公司
王 林	6	10	华泰证券股份有限公司
王奕红	7	13	天风证券股份有限公司
易景明	8	8	中泰证券股份有限公司
余伟民	9	9	海通证券股份有限公司
常启辉	10	5	国元证券股份有限公司

在 2017 年 5 月 1 日至 2022 年 4 月 30 日这五年的期间内，持续跟踪通信服务—通信服务(含电信服务、通信设备及技术服务)行业并作出每股收益预测的分析师有 23 名。由表 3-37、表 3-38 可以看出，从平均预测准确性角度来看，排在前

五名的分析师分别是：招商证券股份有限公司的余俊、中航证券有限公司的邹润芳、天风证券股份有限公司的唐海清、天风证券股份有限公司的王奕红和华创证券有限责任公司的耿琛。从最佳预测准确性角度来看，排在前五名的分析师分别是：天风证券股份有限公司的唐海清、招商证券股份有限公司的余俊、中泰证券股份有限公司的陈宁玉、海通证券股份有限公司的朱劲松和国盛证券有限责任公司的宋嘉吉。

表 3-39　五年期分析师预测准确性评价—平均表现（2017.05.01—2022.04.30）
行业：通信服务—传媒

分析师姓名	平均表现排名	平均跟踪股票数量	所属证券公司
文　浩	1	11	天风证券股份有限公司
张　爽	2	5	天风证券股份有限公司
旷　实	3	14	广发证券股份有限公司
周良玖	4	4	东吴证券股份有限公司
张雪晴	5	13	中国国际金融股份有限公司
顾　佳	6	10	招商证券股份有限公司
刘　言	7	17	西南证券股份有限公司
李　典	8	4	国元证券股份有限公司
顾　晟	9	6	国盛证券有限责任公司
朱　珺	10	10	华泰证券股份有限公司

表 3-40　五年期分析师预测准确性评价—最佳表现（2017.05.01—2022.04.30）
行业：通信服务—传媒

分析师姓名	最佳表现排名	平均跟踪股票数量	所属证券公司
张　衡	1	13	国信证券股份有限公司
顾　佳	2	10	招商证券股份有限公司
郝艳辉	3	14	海通证券股份有限公司
刘　言	4	17	西南证券股份有限公司
文　浩	5	11	天风证券股份有限公司

(续表)

分析师姓名	最佳表现排名	平均跟踪股票数量	所属证券公司
旷 实	6	14	广发证券股份有限公司
陈 筱	7	14	国泰君安证券股份有限公司
张 爽	8	5	天风证券股份有限公司
张雪晴	9	13	中国国际金融股份有限公司
张良卫	10	11	东吴证券股份有限公司

在2017年5月1日至2022年4月30日这五年的期间内,持续跟踪通信服务—传媒行业并作出每股收益预测的分析师有28名。由表3-39、表3-40可以看出,从平均预测准确性角度来看,排在前五名的分析师分别是:天风证券股份有限公司的文浩、天风证券股份有限公司的张爽、广发证券股份有限公司的旷实、东吴证券股份有限公司的周良玖和中国国际金融股份有限公司的张雪晴。从最佳预测准确性角度来看,排在前五名的分析师分别是:国信证券股份有限公司的张衡、招商证券股份有限公司的顾佳、海通证券股份有限公司的郝艳辉、西南证券股份有限公司的刘言和天风证券股份有限公司的文浩。

表3-41 五年期分析师预测准确性评价—平均表现(2017.05.01—2022.04.30)
行业:能源—能源

分析师姓名	平均表现排名	平均跟踪股票数量	所属证券公司
黄 琨	1	2	国泰君安证券股份有限公司
王华君	2	3	浙商证券股份有限公司
刘国清	3	1	太平洋证券股份有限公司
王西典	4	3	招商证券股份有限公司
周 泰	5	19	民生证券股份有限公司
吴 杰	6	9	海通证券股份有限公司
邓 勇	7	9	海通证券股份有限公司
刘 荣	8	1	招商证券股份有限公司
孙羲昱	9	5	国泰君安证券股份有限公司
沈 涛	10	14	广发证券股份有限公司

表 3-42　五年期分析师预测准确性评价—最佳表现（2017.05.01—2022.04.30）
行业：能源—能源

分析师姓名	最佳表现排名	平均跟踪股票数量	所属证券公司
周 泰	1	19	民生证券股份有限公司
祖国鹏	2	14	中信证券股份有限公司
邓 勇	3	9	海通证券股份有限公司
安 鹏	4	14	广发证券股份有限公司
张樨樨	5	6	天风证券股份有限公司
沈 涛	6	14	广发证券股份有限公司
黄 琨	7	2	国泰君安证券股份有限公司
吴 杰	8	9	海通证券股份有限公司
杨 侃	9	4	民生证券股份有限公司
孙羲昱	10	5	国泰君安证券股份有限公司

在2017年5月1日至2022年4月30日这五年的期间内，持续跟踪能源—能源行业并作出每股收益预测的分析师有20名。由表3-41、表3-42可以看出，从平均预测准确性角度来看，排在前五名的分析师分别是：国泰君安证券股份有限公司的黄琨、浙商证券股份有限公司的王华君、太平洋证券股份有限公司的刘国清、招商证券股份有限公司的王西典和民生证券股份有限公司的周泰。从最佳预测准确性角度来看，排在前五名的分析师分别是：民生证券股份有限公司的周泰、中信证券股份有限公司的祖国鹏、海通证券股份有限公司的邓勇、广发证券股份有限公司的安鹏和天风证券股份有限公司的张樨樨。

表 3-43　五年期分析师预测准确性评价—平均表现（2017.05.01—2022.04.30）
行业：金融—银行

分析师姓名	平均表现排名	平均跟踪股票数量	所属证券公司
倪 军	1	16	广发证券股份有限公司
邱冠华	2	18	浙商证券股份有限公司
林加力	3	13	海通证券股份有限公司
戴志锋	4	26	中泰证券股份有限公司
刘志平	5	13	华西证券股份有限公司

（续表）

分析师姓名	平均表现排名	平均跟踪股票数量	所属证券公司
屈俊	6	18	广发证券股份有限公司
肖斐斐	7	15	中信证券股份有限公司
解巍巍	8	13	海通证券股份有限公司
王瑶平	9	12	中国国际金融股份有限公司
廖志明	10	22	招商证券股份有限公司

表3-44　五年期分析师预测准确性评价—最佳表现（2017.05.01—2022.04.30）
行业：金融—银行

分析师姓名	最佳表现排名	平均跟踪股票数量	所属证券公司
邱冠华	1	18	浙商证券股份有限公司
戴志锋	2	26	中泰证券股份有限公司
廖志明	3	22	招商证券股份有限公司
刘志平	4	13	华西证券股份有限公司
沈娟	5	18	华泰证券股份有限公司
屈俊	6	18	广发证券股份有限公司
倪军	7	16	广发证券股份有限公司
王剑	8	16	国信证券股份有限公司
王瑶平	9	12	中国国际金融股份有限公司
肖斐斐	10	15	中信证券股份有限公司

在2017年5月1日至2022年4月30日这五年的期间内，持续跟踪金融—银行行业并作出每股收益预测的分析师有22名。由表3-43、表3-44可以看出，从平均预测准确性角度来看，排在前五名的分析师分别是：广发证券股份有限公司的倪军、浙商证券股份有限公司的邱冠华、海通证券股份有限公司的林加力、中泰证券股份有限公司的戴志锋和华西证券股份有限公司的刘志平。从最佳预测准确性角度来看，排在前五名的分析师分别是：浙商证券股份有限公司的邱冠华、中泰证券股份有限公司的戴志锋、招商证券股份有限公司的廖志明、华西证券股份有限公司的刘志平和华泰证券股份有限公司的沈娟。

表 3-45　五年期分析师预测准确性评价—平均表现(2017.05.01—2022.04.30)
行业：金融—非银金融(含保险、资本市场、其他金融)

分析师姓名	平均表现排名	平均跟踪股票数量	所属证券公司
孙　婷	1	20	海通证券股份有限公司
胡　翔	2	9	东吴证券股份有限公司
刘欣琦	3	15	国泰君安证券股份有限公司
戴志锋	4	4	中泰证券股份有限公司
沈　娟	5	16	华泰证券股份有限公司
刘文强	6	8	长城证券股份有限公司
何　婷	7	15	海通证券股份有限公司
武平平	8	5	中国银河证券股份有限公司
郑积沙	9	11	招商证券股份有限公司
陆韵婷	10	4	中泰证券股份有限公司

表 3-46　五年期分析师预测准确性评价—最佳表现(2017.05.01—2022.04.30)
行业：金融—非银金融(含保险、资本市场、其他金融)

分析师姓名	最佳表现排名	平均跟踪股票数量	所属证券公司
沈　娟	1	16	华泰证券股份有限公司
孙　婷	2	20	海通证券股份有限公司
郑积沙	3	11	招商证券股份有限公司
陈　福	4	13	广发证券股份有限公司
刘文强	5	8	长城证券股份有限公司
刘欣琦	6	15	国泰君安证券股份有限公司
武平平	7	5	中国银河证券股份有限公司
张经纬	8	12	安信证券股份有限公司
高　超	9	11	开源证券股份有限公司
何　婷	10	15	海通证券股份有限公司

在2017年5月1日至2022年4月30日这五年的期间内,持续跟踪金融—非银金融(含保险、资本市场、其他金融)行业并作出每股收益预测的分析师有23名。由表3-45、表3-46可以看出,从平均预测准确性角度来看,排在前五名的分析师

分别是：海通证券股份有限公司的孙婷、东吴证券股份有限公司的胡翔、国泰君安证券股份有限公司的刘欣琦、中泰证券股份有限公司的戴志锋和华泰证券股份有限公司的沈娟。从最佳预测准确性角度来看，排在前五名的分析师分别是：华泰证券股份有限公司的沈娟、海通证券股份有限公司的孙婷、招商证券股份有限公司的郑积沙、广发证券股份有限公司的陈福和长城证券股份有限公司的刘文强。

表3-47 五年期分析师预测准确性评价—平均表现（2017.05.01—2022.04.30）
行业：房地产—房地产

分析师姓名	平均表现排名	平均跟踪股票数量	所属证券公司
阎常铭	1	10	兴业证券股份有限公司
陈 慎	2	20	华泰证券股份有限公司
刘 璐	3	14	华泰证券股份有限公司
谢皓宇	4	10	国泰君安证券股份有限公司
乐加栋	5	14	广发证券股份有限公司
郭 镇	6	14	广发证券股份有限公司
齐 东	7	9	开源证券股份有限公司
杨 侃	8	8	平安证券股份有限公司
陈 聪	9	12	中信证券股份有限公司
张 宇	10	18	中国国际金融股份有限公司

表3-48 五年期分析师预测准确性评价—最佳表现（2017.05.01—2022.04.30）
行业：房地产—房地产

分析师姓名	最佳表现排名	平均跟踪股票数量	所属证券公司
涂力磊	1	31	海通证券股份有限公司
刘 璐	2	14	华泰证券股份有限公司
陈 聪	3	12	中信证券股份有限公司
阎常铭	4	10	兴业证券股份有限公司
乐加栋	5	14	广发证券股份有限公司
谢皓宇	6	10	国泰君安证券股份有限公司
陈 慎	7	20	华泰证券股份有限公司

(续表)

分析师姓名	最佳表现排名	平均跟踪股票数量	所属证券公司
齐 东	8	9	开源证券股份有限公司
韩 笑	9	16	天风证券股份有限公司
杨 侃	10	8	平安证券股份有限公司

在2017年5月1日至2022年4月30日这五年的期间内,持续跟踪房地产—房地产行业并作出每股收益预测的分析师有21名。由表3-47、表3-48可以看出,从平均预测准确性角度来看,排在前五名的分析师分别是:兴业证券股份有限公司的阎常铭、华泰证券股份有限公司的陈慎、华泰证券股份有限公司的刘璐、国泰君安证券股份有限公司的谢皓宇和广发证券股份有限公司的乐加栋。从最佳预测准确性角度来看,排在前五名的分析师分别是:海通证券股份有限公司的涂力磊、华泰证券股份有限公司的刘璐、中信证券股份有限公司的陈聪、兴业证券股份有限公司的阎常铭和广发证券股份有限公司的乐加栋。

4 三年期证券公司预测准确性评价

4.1 数据来源与样本说明

三年期证券公司预测准确性评价的数据期间为 2019 年 5 月 1 日至 2022 年 4 月 30 日。证券公司预测准确性评分在其下属分析师预测准确性基础上汇总计算得出。所有分析师预测数据来源于 CSMAR 数据库,涉及指标包括分析师姓名、分析师编码、所属证券公司名称、预测公司证券代码、证券简称、预测终止日、预测每股收益及实际每股收益。分析师样本筛选原则同 1.2 节所述。在对证券公司预测准确性表现进行评价时,我们只对连续三年每年至少存在一名活动分析师的证券公司进行了排名。经上述筛选后,最终得到参与三年期证券公司预测准确性评价的证券公司共 66 家。

在对证券公司预测准确性进行评价时,我们从证券公司预测准确性综合评价和证券公司明星分析师数量两个角度进行评价,在分别从证券公司层面对分析师表现进行汇总得到每家证券公司每年度表现的基础上,对证券公司三年表现进行综合评价。

4.2 三年期证券公司预测准确性评价结果

表 4-1 三年期证券公司预测准确性综合评价—平均表现维度(2019.05.01—2022.04.30)

证券公司名称	排名	年均分析师数量	年均研报数量
东吴证券股份有限公司	1	44	409
开源证券股份有限公司	2	27	288
国盛证券有限责任公司	3	67	492
国金证券股份有限公司	4	37	320

(续表)

证券公司名称	排名	年均分析师数量	年均研报数量
中泰证券股份有限公司	5	64	552
浙商证券股份有限公司	6	38	307
国元证券股份有限公司	7	16	171
国泰君安证券股份有限公司	8	123	828
华创证券有限责任公司	9	48	401
广发证券股份有限公司	10	91	663
招商证券股份有限公司	11	72	541
华泰证券股份有限公司	12	77	701
招银国际证券有限公司	13	6	7
中邮证券有限责任公司	14	3	10
兴业证券股份有限公司	15	72	650
中银国际证券股份有限公司	16	32	272
国开证券股份有限公司	17	5	17
天风证券股份有限公司	18	82	874
东方证券股份有限公司	19	46	288
群益证券(香港)有限公司	20	9	83
国信证券股份有限公司	21	63	521
安信证券股份有限公司	22	59	608
中信证券股份有限公司	23	87	757
西南证券股份有限公司	24	32	441
信达证券股份有限公司	25	32	185
平安证券股份有限公司	26	38	211
光大证券股份有限公司	27	60	602
长城证券股份有限公司	28	48	282
海通证券股份有限公司	29	98	705
华安证券股份有限公司	30	21	151
中国国际金融股份有限公司	31	96	630

(续表)

证券公司名称	排名	年均分析师数量	年均研报数量
中原证券股份有限公司	32	10	73
国海证券股份有限公司	33	27	262
长城国瑞证券有限公司	34	6	16
西部证券股份有限公司	35	19	158
方正证券股份有限公司	36	41	318
民生证券股份有限公司	37	57	465
华西证券股份有限公司	38	46	431
申港证券股份有限公司	39	9	59
财信证券有限责任公司	40	12	176
国联证券股份有限公司	41	13	111
财通证券股份有限公司	42	14	115
太平洋证券股份有限公司	43	55	371
东方财富证券股份有限公司	44	6	137
中国银河证券股份有限公司	45	32	236
万联证券有限公司	46	9	135
上海证券有限责任公司	47	16	120
华金证券股份有限公司	48	19	158
川财证券有限责任公司	49	7	78
华鑫证券有限责任公司	50	10	91
中航证券有限公司	51	18	78
东莞证券股份有限公司	52	15	118
新时代证券股份有限公司	53	19	130
东北证券股份有限公司	54	58	491
中信建投证券股份有限公司	55	43	202
东兴证券股份有限公司	56	52	271
渤海证券股份有限公司	57	14	63
世纪证券有限责任公司	58	6	28

(续表)

证券公司名称	排名	年均分析师数量	年均研报数量
德邦证券股份有限公司	59	14	79
首创证券有限责任公司	60	10	92
山西证券股份有限公司	61	18	121
华兴证券有限公司	62	3	10
红塔证券股份有限公司	63	5	8
万和证券有限责任公司	64	4	9
粤开证券股份有限公司	65	5	34
东海证券股份有限公司	66	7	13

由表4-1可以看出,在2019年5月1日至2022年4月30日期间内,从分析师平均表现维度对证券公司预测准确性进行综合评价,排在前五名的证券公司分别是:东吴证券股份有限公司(年均活动分析师44名,年均发布研报409份)、开源证券股份有限公司(年均活动分析师27名,年均发布研报288份)、国盛证券有限责任公司(年均活动分析师67名,年均发布研报492份)、国金证券股份有限公司(年均活动分析师37名,年均发布研报320份)和中泰证券股份有限公司(年均活动分析师64名,年均发布研报552份)。

表4-2 三年期证券公司预测准确性综合评价—最佳表现维度(2019.05.01—2022.04.30)

证券公司名称	排名	年均分析师数量	年均研报数量
东方财富证券股份有限公司	1	6	137
川财证券有限责任公司	2	7	78
群益证券(香港)有限公司	3	9	83
开源证券股份有限公司	4	27	288
财信证券有限责任公司	5	12	176
万联证券股份有限公司	6	9	135
中银国际证券股份有限公司	7	32	272
华泰证券股份有限公司	8	77	701
国信证券股份有限公司	9	63	521
海通证券股份有限公司	10	98	705

（续表）

证券公司名称	排名	年均分析师数量	年均研报数量
天风证券股份有限公司	11	82	874
华创证券有限责任公司	12	48	401
东吴证券股份有限公司	13	44	409
中信证券股份有限公司	14	87	757
东莞证券股份有限公司	15	15	118
国泰君安证券股份有限公司	16	123	828
安信证券股份有限公司	17	59	608
西南证券股份有限公司	18	32	441
光大证券股份有限公司	19	60	602
广发证券股份有限公司	20	91	663
中泰证券股份有限公司	21	64	552
民生证券股份有限公司	22	57	465
招商证券股份有限公司	23	72	541
国盛证券有限责任公司	24	67	492
兴业证券股份有限公司	25	72	650
国海证券股份有限公司	26	27	262
中国银河证券股份有限公司	27	32	236
东方证券股份有限公司	28	46	288
长城证券股份有限公司	29	48	282
国金证券股份有限公司	30	37	320
浙商证券股份有限公司	31	38	307
平安证券股份有限公司	32	38	211
西部证券股份有限公司	33	19	158
华西证券股份有限公司	34	46	431
中原证券股份有限公司	35	10	73
中邮证券有限责任公司	36	3	10
国联证券股份有限公司	37	13	111

(续表)

证券公司名称	排名	年均分析师数量	年均研报数量
财通证券股份有限公司	38	14	115
山西证券股份有限公司	39	18	121
上海证券有限责任公司	40	16	120
华金证券股份有限公司	41	19	158
中国国际金融股份有限公司	42	96	630
东兴证券股份有限公司	43	52	271
东北证券股份有限公司	44	58	491
国元证券股份有限公司	45	16	171
华鑫证券有限责任公司	46	10	91
太平洋证券股份有限公司	47	55	371
信达证券股份有限公司	48	32	185
华安证券股份有限公司	49	21	151
方正证券股份有限公司	50	41	318
世纪证券有限责任公司	51	6	28
申港证券股份有限公司	52	9	59
渤海证券股份有限公司	53	14	63
国开证券股份有限公司	54	5	17
新时代证券股份有限公司	55	19	130
中航证券有限公司	56	18	78
首创证券有限责任公司	57	10	92
德邦证券股份有限公司	58	14	79
长城国瑞证券有限公司	59	6	16
中信建投证券股份有限公司	60	43	202
华兴证券有限公司	61	3	10
招银国际证券有限公司	62	6	7
粤开证券股份有限公司	63	5	34
万和证券有限责任公司	64	4	9
红塔证券股份有限公司	65	5	8
东海证券股份有限公司	66	7	13

由表4-2可以看出,在2019年5月1日至2022年4月30日期间内,从分析师最佳表现维度对证券公司预测准确性进行综合评价,排在前五名的证券公司分别是:东方财富证券股份有限公司(年均活动分析师6名,年均发布研报137份)、川财证券有限责任公司(年均活动分析师7名,年均发布研报78份)、群益证券(香港)有限公司(年均活动分析师9名,年均发布研报83份)、开源证券股份有限公司(年均活动分析师27名,年均发布研报288份)和财信证券有限责任公司(年均活动分析师12名,年均发布研报176份)。

表4-3 三年期证券公司明星分析师席位排名—平均表现维度(2019.05.01—2022.04.30)

证券公司名称	排名	明星分析师总量	证券公司分析师总量	证券公司研报总量
天风证券股份有限公司	1	20	245	2 621
广发证券股份有限公司	2	17	272	1 989
东吴证券股份有限公司	3	15	132	1 226
招商证券股份有限公司	4	15	216	1 624
国盛证券有限责任公司	5	13	200	1 475
国金证券股份有限公司	6	12	112	960
浙商证券股份有限公司	7	12	114	922
东兴证券股份有限公司	8	12	155	812
中泰证券股份有限公司	9	12	191	1 656
兴业证券股份有限公司	10	11	216	1 949
国泰君安证券股份有限公司	11	11	368	2 484
安信证券股份有限公司	12	9	177	1 823
海通证券股份有限公司	13	9	294	2 115
光大证券股份有限公司	14	8	180	1 806
中国国际金融股份有限公司	15	8	288	1 889
中国银河证券股份有限公司	16	7	97	709
西南证券股份有限公司	17	7	97	1 324
华西证券股份有限公司	18	7	137	1 293
民生证券股份有限公司	19	7	172	1 394
国信证券股份有限公司	20	7	190	1 564
中信证券股份有限公司	21	7	260	2 272

(续表)

证券公司名称	排名	明星分析师总量	证券公司分析师总量	证券公司研报总量
中银国际证券股份有限公司	22	6	97	817
中信建投证券股份有限公司	23	6	130	607
东北证券股份有限公司	24	6	175	1 474
华泰证券股份有限公司	25	6	230	2 104
申港证券股份有限公司	26	5	28	176
首创证券有限责任公司	27	5	29	275
国元证券股份有限公司	28	5	47	514
信达证券有限公司	29	5	96	555
东方证券股份有限公司	30	5	137	864
群益证券(香港)有限公司	31	4	26	248
华鑫证券有限责任公司	32	4	30	274
国联证券股份有限公司	33	4	40	332
山西证券股份有限公司	34	4	55	363
西部证券股份有限公司	35	4	57	473
华安证券股份有限公司	36	4	64	454
开源证券有限公司	37	4	82	863
万和证券有限责任公司	38	3	12	27
东方财富证券股份有限公司	39	3	18	411
中航证券有限公司	40	3	54	233
华金证券股份有限公司	41	3	57	474
方正证券股份有限公司	42	3	122	955
华创证券有限责任公司	43	3	144	1 203
红塔证券股份有限公司	44	2	16	25
招银国际证券有限公司	45	2	18	22
财信证券有限责任公司	46	2	35	528
财通证券股份有限公司	47	2	43	346
东莞证券股份有限公司	48	2	44	355

（续表）

证券公司名称	排名	明星分析师总量	证券公司分析师总量	证券公司研报总量
上海证券有限责任公司	49	2	47	361
国海证券股份有限公司	50	2	80	787
平安证券股份有限公司	51	2	113	634
太平洋证券股份有限公司	52	2	165	1 113
中邮证券有限责任公司	53	1	8	30
国开证券股份有限公司	54	1	14	51
长城国瑞证券有限公司	55	1	17	47
世纪证券有限责任公司	56	1	18	84
东海证券股份有限公司	57	1	21	40
川财证券有限责任公司	58	1	22	233
万联证券股份有限公司	59	1	28	404
德邦证券股份有限公司	60	1	42	236
新时代证券股份有限公司	61	1	58	390
长城证券股份有限公司	62	1	145	846
华兴证券有限公司	63	0	9	29
粤开证券股份有限公司	64	0	15	101
中原证券股份有限公司	65	0	29	218
渤海证券股份有限公司	66	0	41	190

根据1.2节所属行业划分方法，2019.05.01—2022.04.30三个年度24个行业共产生明星分析师360名①。由表4-3可以看出，在2019年5月1日至2022年4月30日期间内，从分析师平均表现维度评选明星分析师并在此基础上对证券公司实力进行评价，排在前五名的证券公司分别是：天风证券股份有限公司（拥有明星分析师累计20名，活动分析师累计245名，发布研报累计2 621份）、广发证券股份有限公司（拥有明星分析师累计17名，活动分析师累计272名，发布研报累计1 989份）、东吴证券股份有限公司（拥有明星分析师累计15名，活动分析师累计

---

① 因存在单期内拥有明星分析师但未能保证每期存在至少一名活动分析师而未被纳入三年评价的证券公司，表中列示的明星分析师数量总和小于360。五年期证券公司评价同理。

132名,发布研报累计1 226份)、招商证券股份有限公司(拥有明星分析师累计15名,活动分析师累计216名,发布研报累计1 624份)和国盛证券有限责任公司(拥有明星分析师累计13名,活动分析师累计200名,发布研报累计1 475份)。

表4-4 三年期证券公司明星分析师席位排名—最佳表现维度(2019.05.01—2022.04.30)

证券公司名称	排名	明星分析师总量	证券公司分析师总量	证券公司研报总量
兴业证券股份有限公司	1	21	216	1 949
华泰证券股份有限公司	2	18	230	2 104
广发证券股份有限公司	3	18	272	1 989
招商证券股份有限公司	4	14	216	1 624
中信证券股份有限公司	5	13	260	2 272
国泰君安证券股份有限公司	6	13	368	2 484
安信证券股份有限公司	7	12	177	1 823
中泰证券股份有限公司	8	12	191	1 656
中银国际证券股份有限公司	9	11	97	817
华创证券有限责任公司	10	11	144	1 203
国盛证券有限责任公司	11	11	200	1 475
中国国际金融股份有限公司	12	11	288	1 889
海通证券股份有限公司	13	11	294	2 115
浙商证券股份有限公司	14	10	114	922
东吴证券股份有限公司	15	10	132	1 226
民生证券股份有限公司	16	10	172	1 394
开源证券股份有限公司	17	9	82	863
国信证券股份有限公司	18	9	190	1 564
国金证券股份有限公司	19	8	112	960
天风证券股份有限公司	20	8	245	2 621
西部证券股份有限公司	21	7	57	473
中国银河证券股份有限公司	22	7	97	709
华西证券股份有限公司	23	7	137	1 293
财信证券有限责任公司	24	6	35	528

（续表）

证券公司名称	排名	明星分析师总量	证券公司分析师总量	证券公司研报总量
平安证券股份有限公司	25	6	113	634
东北证券股份有限公司	26	6	175	1 474
东兴证券股份有限公司	27	5	155	812
光大证券股份有限公司	28	5	180	1 806
华金证券股份有限公司	29	4	57	474
西南证券股份有限公司	30	4	97	1 324
方正证券股份有限公司	31	4	122	955
太平洋证券股份有限公司	32	4	165	1 113
国开证券股份有限公司	33	3	14	51
招银国际证券有限公司	34	3	18	22
万联证券股份有限公司	35	3	28	404
国联证券股份有限公司	36	3	40	332
德邦证券股份有限公司	37	3	42	236
国元证券股份有限公司	38	3	47	514
山西证券股份有限公司	39	3	55	363
华安证券股份有限公司	40	3	64	454
国海证券股份有限公司	41	3	80	787
东方财富证券股份有限公司	42	2	18	411
群益证券(香港)有限公司	43	2	26	248
首创证券有限责任公司	44	2	29	275
新时代证券股份有限公司	45	2	58	390
东方证券股份有限公司	46	2	137	864
华兴证券有限公司	47	1	9	29
红塔证券股份有限公司	48	1	16	25
长城国瑞证券有限公司	49	1	17	47
川财证券有限责任公司	50	1	22	233
华鑫证券有限责任公司	51	1	30	274

(续表)

证券公司名称	排名	明星分析师总量	证券公司分析师总量	证券公司研报总量
渤海证券股份有限公司	52	1	41	190
财通证券股份有限公司	53	1	43	346
东莞证券股份有限公司	54	1	44	355
中航证券有限公司	55	1	54	233
中信建投证券股份有限公司	56	1	130	607
长城证券股份有限公司	57	1	145	846
中邮证券有限责任公司	58	0	8	30
万和证券有限责任公司	59	0	12	27
粤开证券股份有限公司	60	0	15	101
世纪证券有限责任公司	61	0	18	84
东海证券股份有限公司	62	0	21	40
申港证券股份有限公司	63	0	28	176
中原证券股份有限公司	64	0	29	218
上海证券有限责任公司	65	0	47	361
信达证券股份有限公司	66	0	96	555

根据1.2节所属行业划分方法,2019.05.01—2022.04.30三个年度24个行业共产生明星分析师360名。由表4-4可以看出,在2019年5月1日至2022年4月30日期间内,从分析师最佳表现维度评选明星分析师并在此基础上对证券公司实力进行评价,排在前五名的证券公司分别是：兴业证券股份有限公司(拥有明星分析师累计21名,活动分析师累计216名,发布研报累计1 949份)、华泰证券股份有限公司(拥有明星分析师累计18名,活动分析师累计230名,发布研报累计2 104份)、广发证券股份有限公司(拥有明星分析师累计18名,活动分析师累计272名,发布研报累计1 989份)、招商证券股份有限公司(拥有明星分析师累计14名,活动分析师累计216名,发布研报累计1 624份)和中信证券股份有限公司(拥有明星分析师累计13名,活动分析师累计260名,发布研报累计2 272份)。国泰君安证券股份有限公司(拥有明星分析师累计13名,活动分析师累计368名,发布研报累计2 484份)因明星分析师席位相同,共同并列第五名。

5 五年期证券公司预测准确性评价

5.1 数据来源与样本说明

五年期证券公司预测准确性评价的数据期间为 2017 年 5 月 1 日至 2022 年 4 月 30 日。证券公司预测准确性评分在其下属分析师预测准确性基础上汇总计算得出。所有分析师预测数据来源于 CSMAR 数据库,涉及指标包括分析师姓名、分析师编码、所属证券公司名称、预测公司证券代码、证券简称、预测终止日、预测每股收益及实际每股收益。分析师样本筛选原则同 1.2 节所述。在对证券公司预测准确性表现进行评价时,我们只对连续五年每年至少存在一名活动分析师的证券公司进行了排名。经上述筛选后,最终得到参与五年期证券公司预测准确性评价的证券公司共 60 家。

在对证券公司预测准确性进行评价时,我们从证券公司预测准确性综合评价和证券公司明星分析师数量两个角度进行评价,在分别从证券公司层面对分析师表现进行汇总得到每家证券公司每年度表现的基础上,对证券公司五年表现进行综合评价。

5.2 五年期证券公司预测准确性评价结果

表 5-1 五年期证券公司预测准确性综合评价—平均表现维度(2017.05.01—2022.04.30)

证券公司名称	排名	年均分析师数量	年均研报数量
国盛证券有限责任公司	1	49	343
东吴证券股份有限公司	2	40	389
浙商证券股份有限公司	3	33	253
中泰证券股份有限公司	4	61	555

(续表)

证券公司名称	排名	年均分析师数量	年均研报数量
华创证券有限责任公司	5	47	457
广发证券股份有限公司	6	85	643
中国国际金融股份有限公司	7	86	671
开源证券股份有限公司	8	18	180
国金证券股份有限公司	9	35	325
群益证券(香港)有限公司	10	10	97
招商证券股份有限公司	11	78	606
国泰君安证券股份有限公司	12	130	775
华泰证券股份有限公司	13	72	638
长城证券股份有限公司	14	46	249
天风证券股份有限公司	15	79	845
光大证券股份有限公司	16	57	523
东方证券股份有限公司	17	41	277
中银国际证券股份有限公司	18	32	262
兴业证券股份有限公司	19	70	689
安信证券股份有限公司	20	58	641
国信证券股份有限公司	21	53	472
中信证券股份有限公司	22	75	685
平安证券股份有限公司	23	42	264
财通证券股份有限公司	24	14	166
西南证券股份有限公司	25	32	472
国海证券股份有限公司	26	24	325
方正证券股份有限公司	27	43	396
海通证券股份有限公司	28	93	734
财信证券有限责任公司	29	10	174
华金证券股份有限公司	30	17	189
西部证券股份有限公司	31	12	96

(续表)

证券公司名称	排名	年均分析师数量	年均研报数量
太平洋证券股份有限公司	32	53	382
世纪证券有限责任公司	33	4	17
上海证券有限责任公司	34	15	132
信达证券股份有限公司	35	30	173
东莞证券股份有限公司	36	14	112
国元证券股份有限公司	37	17	137
国联证券股份有限公司	38	16	164
川财证券有限责任公司	39	8	73
中原证券股份有限公司	40	8	85
长城国瑞证券有限公司	41	6	30
东海证券股份有限公司	42	5	8
中国银河证券股份有限公司	43	26	189
万联证券股份有限公司	44	8	106
新时代证券股份有限公司	45	19	174
民生证券股份有限公司	46	64	474
东北证券股份有限公司	47	61	558
中信建投证券股份有限公司	48	44	350
华鑫证券有限责任公司	49	9	84
国开证券股份有限公司	50	5	17
东兴证券股份有限公司	51	42	327
中航证券有限公司	52	18	66
华安证券股份有限公司	53	16	110
渤海证券股份有限公司	54	15	67
首创证券有限责任公司	55	7	58
中邮证券有限责任公司	56	3	30
山西证券股份有限公司	57	16	97
东方财富证券股份有限公司	58	5	85
红塔证券股份有限公司	59	4	5
粤开证券股份有限公司	60	8	96

由表 5-1 可以看出,在 2017 年 5 月 1 日至 2022 年 4 月 30 日期间内,从分析师平均表现维度对证券公司预测准确性进行综合评价,排在前五名的证券公司分别是:国盛证券有限责任公司(年均活动分析师 49 名,年均发布研报 343 份)、东吴证券股份有限公司(年均活动分析师 40 名,年均发布研报 389 份)、浙商证券股份有限公司(年均活动分析师 33 名,年均发布研报 253 份)、中泰证券股份有限公司(年均活动分析师 61 名,年均发布研报 555 份)和华创证券有限责任公司(年均活动分析师 47 名,年均发布研报 457 份)。

表 5-2　五年期证券公司预测准确性综合评价—最佳表现维度(2017.05.01—2022.04.30)

证券公司名称	排名	年均分析师数量	年均研报数量
川财证券有限责任公司	1	8	73
西南证券股份有限公司	2	32	472
财信证券有限责任公司	3	10	174
中信证券股份有限公司	4	75	685
天风证券股份有限公司	5	79	845
海通证券股份有限公司	6	93	734
万联证券有限责任公司	7	8	106
华创证券有限责任公司	8	47	457
东吴证券股份有限公司	9	40	389
安信证券股份有限公司	10	58	641
群益证券(香港)有限公司	11	10	97
华泰证券股份有限公司	12	72	638
国信证券股份有限公司	13	53	472
广发证券股份有限公司	14	85	643
中泰证券股份有限公司	15	61	555
财通证券股份有限公司	16	14	166
国泰君安证券股份有限公司	17	130	775
光大证券股份有限公司	18	57	523
中银国际证券股份有限公司	19	32	262
平安证券股份有限公司	20	42	264
兴业证券股份有限公司	21	70	689

(续表)

证券公司名称	排名	年均分析师数量	年均研报数量
华金证券股份有限公司	22	17	189
上海证券有限责任公司	23	15	132
招商证券股份有限公司	24	78	606
国海证券股份有限公司	25	24	325
浙商证券股份有限公司	26	33	253
东方证券股份有限公司	27	41	277
长城证券股份有限公司	28	46	249
中原证券股份有限公司	29	8	85
国金证券股份有限公司	30	35	325
民生证券股份有限公司	31	64	474
东莞证券股份有限公司	32	14	112
东兴证券股份有限公司	33	42	327
开源证券股份有限公司	34	18	180
东北证券股份有限公司	35	61	558
国联证券股份有限公司	36	16	164
中国银河证券股份有限公司	37	26	189
方正证券股份有限公司	38	43	396
太平洋证券股份有限公司	39	53	382
中国国际金融股份有限公司	40	86	671
国盛证券有限责任公司	41	49	343
山西证券股份有限公司	42	16	97
信达证券股份有限公司	43	30	173
首创证券有限责任公司	44	7	58
新时代证券股份有限公司	45	19	174
华鑫证券有限责任公司	46	9	84
西部证券股份有限公司	47	12	96
国元证券股份有限公司	48	17	137

(续表)

证券公司名称	排名	年均分析师数量	年均研报数量
长城国瑞证券有限公司	49	6	30
中信建投证券股份有限公司	50	44	350
渤海证券股份有限公司	51	15	67
华安证券股份有限公司	52	16	110
东方财富证券股份有限公司	53	5	85
中邮证券有限责任公司	54	3	30
中航证券有限公司	55	18	66
世纪证券有限责任公司	56	4	17
粤开证券股份有限公司	57	8	96
国开证券股份有限公司	58	5	17
东海证券股份有限公司	59	5	8
红塔证券股份有限公司	60	4	5

由表 5-2 可以看出，在 2017 年 5 月 1 日至 2022 年 4 月 30 日期间内，从分析师最佳表现维度对证券公司预测准确性进行综合评价，排在前五名的证券公司分别是：川财证券有限责任公司（年均活动分析师 8 名，年均发布研报 73 份）、西南证券股份有限公司（年均活动分析师 32 名，年均发布研报 472 份）、财信证券有限责任公司（年均活动分析师 10 名，年均发布研报 174 份）、中信证券股份有限公司（年均活动分析师 75 名，年均发布研报 685 份）和天风证券股份有限公司（年均活动分析师 79 名，年均发布研报 845 份）。

表 5-3 五年期证券公司明星分析师席位排名—平均表现维度（2017.05.01—2022.04.30）

证券公司名称	排名	明星分析师总量	证券公司分析师总量	证券公司研报总量
天风证券股份有限公司	1	32	396	4 227
广发证券股份有限公司	2	25	425	3 217
东吴证券股份有限公司	3	21	202	1 947
招商证券股份有限公司	4	21	390	3 028
安信证券股份有限公司	5	20	290	3 203
国泰君安证券股份有限公司	6	20	650	3 876

（续表）

证券公司名称	排名	明星分析师总量	证券公司分析师总量	证券公司研报总量
浙商证券股份有限公司	7	19	163	1 267
中泰证券股份有限公司	8	18	303	2 777
兴业证券股份有限公司	9	18	350	3 445
中国国际金融股份有限公司	10	18	430	3 355
国金证券股份有限公司	11	15	175	1 623
东兴证券股份有限公司	12	15	212	1 636
国盛证券有限责任公司	13	15	243	1 717
西南证券股份有限公司	14	14	162	2 358
中信建投证券股份有限公司	15	14	220	1 751
中信证券股份有限公司	16	14	373	3 427
东北证券股份有限公司	17	13	306	2 789
民生证券股份有限公司	18	13	318	2 371
信达证券股份有限公司	19	12	151	866
方正证券股份有限公司	20	12	215	1 979
光大证券股份有限公司	21	12	287	2 617
海通证券股份有限公司	22	12	463	3 670
中银国际证券股份有限公司	23	10	162	1 308
国信证券股份有限公司	24	10	267	2 362
华泰证券股份有限公司	25	10	360	3 191
华金证券股份有限公司	26	9	85	947
太平洋证券股份有限公司	27	9	264	1 911
中国银河证券股份有限公司	28	8	131	943
平安证券股份有限公司	29	8	211	1 322
首创证券有限责任公司	30	6	34	291
山西证券股份有限公司	31	6	78	486
中航证券有限公司	32	6	91	329
新时代证券股份有限公司	33	6	96	872

(续表)

证券公司名称	排名	明星分析师总量	证券公司分析师总量	证券公司研报总量
东方证券股份有限公司	34	6	204	1 384
群益证券(香港)有限公司	35	5	50	484
西部证券股份有限公司	36	5	61	480
东莞证券股份有限公司	37	5	70	558
华安证券股份有限公司	38	5	80	552
国联证券股份有限公司	39	5	82	819
国元证券股份有限公司	40	5	83	685
长城证券股份有限公司	41	5	229	1 246
中邮证券有限责任公司	42	4	14	150
华鑫证券有限责任公司	43	4	46	420
开源证券股份有限公司	44	4	89	899
华创证券有限责任公司	45	4	233	2 284
东方财富证券股份有限公司	46	3	25	423
川财证券有限责任公司	47	3	39	366
万联证券股份有限公司	48	3	40	531
财信证券有限责任公司	49	3	49	871
上海证券有限责任公司	50	3	75	662
国海证券股份有限公司	51	3	122	1 626
红塔证券股份有限公司	52	2	18	27
东海证券股份有限公司	53	2	23	42
长城国瑞证券有限公司	54	2	31	148
财通证券股份有限公司	55	2	69	830
世纪证券有限责任公司	56	1	21	87
国开证券股份有限公司	57	1	25	84
粤开证券股份有限公司	58	1	41	479
中原证券股份有限公司	59	0	42	424
渤海证券股份有限公司	60	0	77	333

根据1.2节所述行业划分方法,2017.05.01—2022.04.30五个年度24个行业共产生明星分析师600名。由表5-3可以看出,在2017年5月1日至2022年4月30日期间内,从分析师平均表现维度评选明星分析师并在此基础上对证券公司实力进行评价,排在前五名的证券公司分别是:天风证券股份有限公司(拥有明星分析师累计32名,活动分析师累计396名,发布研报累计4 227份)、广发证券股份有限公司(拥有明星分析师累计25名,活动分析师累计425名,发布研报累计3 217份)、东吴证券股份有限公司(拥有明星分析师累计21名,活动分析师累计202名,发布研报累计1 947份)、招商证券股份有限公司(拥有明星分析师累计21名,活动分析师累计390名,发布研报累计3 028份)和安信证券股份有限公司(拥有明星分析师累计20名,活动分析师累计290名,发布研报累计3 203份)。国泰君安证券股份有限公司(拥有明星分析师累计20名,活动分析师累计650名,发布研报累计3 876份)因明星分析师席位相同,共同并列第五名。

表5-4　五年期证券公司明星分析师席位排名—最佳表现维度(2017.05.01—2022.04.30)

证券公司名称	排名	明星分析师总量	证券公司分析师总量	证券公司研报总量
广发证券股份有限公司	1	33	425	3 217
兴业证券股份有限公司	2	32	350	3 445
招商证券股份有限公司	3	24	390	3 028
国泰君安证券股份有限公司	4	24	650	3 876
华泰证券股份有限公司	5	23	360	3 191
中国国际金融股份有限公司	6	22	430	3 355
安信证券股份有限公司	7	21	290	3 203
海通证券股份有限公司	8	21	463	3 670
中信证券股份有限公司	9	20	373	3 427
中银国际证券股份有限公司	10	16	162	1 308
东北证券股份有限公司	11	16	306	2 789
中泰证券股份有限公司	12	15	303	2 777
天风证券股份有限公司	13	15	396	4 227
东吴证券股份有限公司	14	14	202	1 947
华创证券有限责任公司	15	14	233	2 284
国盛证券有限责任公司	16	14	243	1 717

(续表)

证券公司名称	排名	明星分析师总量	证券公司分析师总量	证券公司研报总量
国信证券股份有限公司	17	14	267	2 362
民生证券股份有限公司	18	14	318	2 371
西南证券股份有限公司	19	12	162	2 358
国金证券股份有限公司	20	12	175	1 623
平安证券股份有限公司	21	12	211	1 322
中国银河证券股份有限公司	22	11	131	943
浙商证券股份有限公司	23	11	163	1 267
方正证券股份有限公司	24	11	215	1 979
华金证券股份有限公司	25	9	85	947
开源证券股份有限公司	26	9	89	899
东兴证券股份有限公司	27	9	212	1 636
光大证券股份有限公司	28	9	287	2 617
财信证券有限责任公司	29	8	49	871
中信建投证券股份有限公司	30	8	220	1 751
西部证券股份有限公司	31	7	61	480
太平洋证券股份有限公司	32	7	264	1 911
新时代证券股份有限公司	33	6	96	872
国海证券股份有限公司	34	6	122	1 626
群益证券(香港)有限公司	35	5	50	484
财通证券股份有限公司	36	5	69	830
国联证券股份有限公司	37	5	82	819
东方证券股份有限公司	38	5	204	1 384
长城证券股份有限公司	39	5	229	1 246
万联证券股份有限公司	40	4	40	531
山西证券股份有限公司	41	4	78	486
华安证券股份有限公司	42	4	80	552
国开证券股份有限公司	43	3	25	84

（续表）

证券公司名称	排名	明星分析师总量	证券公司分析师总量	证券公司研报总量
华鑫证券有限责任公司	44	3	46	420
东莞证券股份有限公司	45	3	70	558
国元证券股份有限公司	46	3	83	685
东方财富证券股份有限公司	47	2	25	423
首创证券有限责任公司	48	2	34	291
川财证券有限责任公司	49	2	39	366
粤开证券股份有限公司	50	2	41	479
中航证券有限公司	51	2	91	329
中邮证券有限责任公司	52	1	14	150
红塔证券股份有限公司	53	1	18	27
长城国瑞证券有限公司	54	1	31	148
渤海证券股份有限公司	55	1	77	333
信达证券股份有限公司	56	1	151	866
世纪证券有限责任公司	57	0	21	87
东海证券股份有限公司	58	0	23	42
中原证券股份有限公司	59	0	42	424
上海证券有限责任公司	60	0	75	662

根据1.2节所述行业划分方法，2017.05.01—2022.04.30五个年度共产生明星分析师600名。由表5-4可以看出，在2017年5月1日至2022年4月30日期间内，从分析师最佳表现维度评选明星分析师并在此基础上对证券公司实力进行评价，排在前五名的证券公司分别是：广发证券股份有限公司（拥有明星分析师累计33名，活动分析师累计425名，发布研报累计3 217份）、兴业证券股份有限公司（拥有明星分析师累计32名，活动分析师累计350名，发布研报累计3 445份）、招商证券股份有限公司（拥有明星分析师累计24名，活动分析师累计390名，发布研报累计3 028份）、国泰君安证券股份有限公司（拥有明星分析师累计24名，活动分析师累计650名，发布研报累计3 876份）和华泰证券股份有限公司（拥有明星分析师累计23名，活动分析师累计360名，发布研报累计3 191份）。

6　2022年度中国证券分析师与证券公司预测准确性评价总结

我们提出的中国证券分析师与证券公司预测准确性评价（Earnings Forecast Accuracy Rating for Chinese Security Analyst & Securities Firm，EFA Rating），通过可验证的关键指标预测能力对证券分析师及证券公司进行评价。通过这一评价体系，投资者可以了解分析师每股收益预测准确性在同行业证券分析师中的相对排名，证券公司预测能力的整体表现及拥有明星分析师的席位数量，并可以通过对比证券公司体量与其明星分析师数量的比值关系进一步观察证券公司的整体风格及明星分析师产出效率。

本书运用2017.05.01—2022.04.30期间内证券分析师发布的针对沪深A股上市公司的每股收益预测数据，利用我们设计的证券分析师及证券公司每股收益预测准确性排名的算法，分别计算出三年期及五年期不同时间跨度上证券分析师及证券公司的EFA Rating排名情况。在通过对不同期间证券分析师及证券公司的排名观察后，我们可以看到尽管资本市场证券分析师群体体量庞大，但证券分析师群体内人员流动性较大，在本书样本中，能够在行业内持续"存活"五年的证券分析师约占统计期间期末存量的30%，与前三年[①]相比，分析师"存活"率有所上升。从对证券公司不同维度的排名中横向上可以观察到不同证券公司的风格差异，纵向上也可以观察到国内证券公司的发展情况和实力变化。

本书试图提供一种更加客观、透明、可验证的证券分析师评价方法，但受数据可得性、可比性等因素制约，我们的评价范围仅覆盖了对A股上市公司做出预测的公司研究、行业研究分析师，未将宏观经济、策略研究、金融工程等方向的分析师纳入评价范围；同时，在评价过程中未考虑分析师做出的投资建议及其他定性信息，存在一定局限性。但每股收益作为综合反映企业经营成果的关键财务指标，是

---

① 相关数据详见《中国证券分析师与证券公司预测准确性评价研究 2018—2021》

投资者重点关注的关键指标;同时因其综合性较强,可以反映分析师对股票的整体判断,因而与本书未能覆盖到的评级及定性信息具有高度的一致性,因此我们认为采用每股收益预测作为判断分析师预测准确性的唯一指标可能存在部分信息损失,但整体上是客观、合理、可信的。对于评价方法中存在的不足,我们将在后继年度的中国证券分析师与证券公司预测准确性评价中不断改进完善。